T0294058

BREVE ANTOLOGÍA DE POESÍA MEXICANA
IMPÚDICA, PROCAZ, SATÍRICA Y BURLESCA

BREVE ANTOLOGÍA DE POESÍA MEXICANA
IMPÚDICA, PROCAZ, SATÍRICA Y BURLESCA

Selección, prólogo y notas de
Juan Domingo Argüelles

OCEANO *exprés*

Diseño de portada: Estudio Sagahón / Leonel Sagahón

**BREVE ANTOLOGÍA DE POESÍA MEXICANA IMPÚDICA,
PROCAZ, SATÍRICA Y BURLESCA**
Interdicta, secreta, anónima, culta y popular

Quien no encuentre ni gracia ni contento
en esta colección rica en ingenio
(ya sea porque sufre de mal genio
o porque vive acaso descontento),

rompa con la lectura su convenio,
que leer no es deber ni mandamiento,
sino libre ejercicio cuyo premio
descubren la emoción y el pensamiento.

Y si renuncia a cosas, muy su cuento,
incluso si rechaza lo que el genio
del idioma logró con gran ingenio.

Otros lectores hagan el intento
y sin obligación y sin apremio
gocen de la palabra y de su invento.

Prólogo

Mientras preparaba la *Antología general de la poesía mexicana* (Océano, 2012-2014), se me presentó un dilema: ¿qué hacer con la poesía anónima y de autor que aborda, ingeniosa o magistralmente, variados temas con un propósito festivo, satírico, procaz y humorístico?

Gabriel Zaid nunca tuvo tal dilema. Incluyó esta poesía (mucha de ella anónima, atribuida o interdicta) en varios apartados de su ya clásico *Ómnibus de poesía mexicana* (1971): desde arrullos y juegos infantiles hasta poesía burlesca e inocente, pasando por refranes, oraciones, cánticos, canciones políticas, corridos, letreros de camión, adivinanzas, letras de letrina, parodias, etcétera.

Mi propósito era diferente con la *Antología general de la poesía mexicana*. Me impuse como modelo y unidad la poesía de autor, y aunque incluí una muestra de poesía prehispánica (también de autor), en traducciones del náhuatl al español, y no descarté cierta poesía satírica de los siglos XIX y XX, no incorporé composiciones de tono ligero y, en mayor o menor medida, humorístico de la lírica nacional. Como ya es obvio decirlo, resolví el dilema inclinándome por prescindir de esta amplia y variada poesía e incluirla en un tomito aparte que es el que el lector tiene ahora en las manos.

Desde la época colonial, la sátira, el humor y la procacidad han estado presentes en la poesía mexicana, y esto no es hurtado sino heredado: en los mismos orígenes de la poesía española y en los romances viejos se encuentran guiños burlescos y referencias directas o indirectas de connotación sexual o de atracción por lo escatológico. Y no se diga en los Siglos de Oro, cuando esto fue de lo más habitual con un Francisco de Quevedo (autor del famoso opúsculo jocoso *Gracias y desgracias del ojo del culo*) diciéndole en unas décimas a Luis de Góngora:

> Satírico diz que estáis;
> a todos nos dais matraca:
> descubierto habéis la caca
> con las cacas que cantáis.

O bien, en otro poema, no menos implacable, al mismo:

> Hombre en quien la limpieza fue tan poca
> (no tocando a su cepa),
> que nunca, que yo sepa,
> se le cayó la mierda de la boca.

En la tradición de nuestro idioma, España reza y blasfema por igual. En el siglo XVIII, el gran autor de la poesía didáctica Félix María Samaniego (1745-1801) sufrió el asedio de la Inquisición por sus composiciones eróticas, procaces y anticlericales que fueron calificadas de licenciosas y dañinas. Por sus textos mordaces e irreverentes fue recluido por una temporada en un monasterio, pero ni siquiera esto consiguió "reformarlo". En 1792 publicó *Jardín de Venus*: "Cuentos burlescos de don Félix María Samaniego.

Escribiólos en el Seminario de Vergara de Álava por los años de 1780 y tienen burlas de frailes y monjas y mucho chiste y regocijo. Este autor lo es de las *Fábulas literarias*, natural de la villa de La Guardia en Guipúzcoa y señor de las cinco villas del valle de Arraya". De hecho, Samaniego era de ascendencia noble pero había estudiado en Francia y se entusiasmó con la obra de Diderot y el enciclopedismo. Sus llamados "cuentos" están escritos en verso y son en realidad poemas satíricos donde leemos cosas como la siguiente:

> Ajustada conforme a su deseo,
> en la primera noche de himeneo
> se acostó con su novio muy gustosa,
> sin temor, la doncella melindrosa;
> mas, apenas su amor en ella ensaya,
> cuando enseñó el cadete un trastivaya
> tan largo, tan rechoncho y desgorrado,
> que mil monjas le hubieran codiciado.

El sexo, al igual que las evacuaciones, está asociado al pecado y a la "suciedad" (a la inmundicia y a la impudicia) por evidentes razones represivas, y por ello incluso la masturbación (es decir, el sexo solitario) se vincula a la transgresión de normas morales y religiosas desde los tiempos más antiguos, aunque de todos modos las personas no hayan dejado de realizar el coito (joder, coger), masturbarse (pajearse, chaquetearse), orinar (mear) y defecar (cagar). En una vieja décima del *Cancionero español* (citada por Camilo José Cela en su *Diccionario secreto*, 1978), un individuo asaeteado por los remordimientos y el sentimiento de culpa (evidentemente religioso) se pregunta lo siguiente, con angustiada culpabilidad):

¿Habré yo anoche pecado
que, apagada ya la luz
y después de hecha la cruz
en esta cama acostado,
llevé, medio adormilado,
la mano hacia las pudicias
y empecé a hacerles caricias
y cosquillas sin cesar,
viniendo el juego a parar
en llenarme de inmundicias?

Lo dicho: la eyaculación, el orgasmo (masculino y feme-
nino) y todo lo relacionado con el sexo están tachados de
"inmundos", tanto como las evacuaciones del vientre y
de la vejiga, y lo peor de todo es que las palabras que re-
presentan estos actos y desechos tienen las mismas con-
notaciones de "inmundicia", como si las palabras fueran
lo que nombran y no únicamente su representación gráfi-
ca. Curiosamente ya desde el siglo XIX, en México, un na-
rrador y periodista, Nicolás Pizarro (1830-1895), en un
curioso *Compendio de gramática de la lengua española según
se habla en México, escrito en verso con explicaciones en prosa*
(1867), sentenció, en estupendos octosílabos, la diferen-
cia que hay entre el objeto y su representación. Estableció:

Nombre es voz que significa
cualquier objeto existente,
aunque sólo sea en la mente
y que también nos indica
las relaciones y formas
de cosas que califica.

Es una excelente forma de decir que el nombrar las cosas es representarlas por medio de la voz y la escritura, pero que los nombres no son, desde luego, las cosas en sí. Los nombres aluden a las cosas y a las acciones, y nos indican cómo se relacionan, pero se necesita ser muy torpe para creer que el lenguaje (amoroso, fino, vulgar, lujurioso, procaz, insultante, etcétera) se equipara con el acto y el objeto.

En México, aunque hay una larga tradición popular de la poesía procaz y de la sátira insultante, nadie iguala, sin duda, a Salvador Novo. En uno de sus muchos sonetos de alta procacidad escribe:

> Y pues era de caca solamente
> el hijo de la mustia verdolaga,
> pugnó por de algo ser, aunque demente.
>
> Fulano se nombró de Luzuriaga:
> para que su familia se alimente,
> en su sepulcro, caminante, caga.

O bien, en otro no menos procaz e insultante:

> ¡Oh, pareja feliz! Éste es el cuento
> aliáronse una meretriz y un pillo
> (que para todo da el departamento).
>
> Invitáronme a ver El Laborillo,
> y en premio a su magnífico talento
> nutridas palmas dioles mi fundillo.

Esto en cuanto a la poesía culta, que es obvio que se alimenta de la vena popular cuya riqueza en insultos, groserías y las denominadas "malas palabras" resulta indudable en refranes, coplas, canciones, letreros y otras múltiples formas de la creatividad anónima, que en muchos momentos alcanza una maestría prodigiosa. En el caso del muy amplio y variado material leído, releído y estudiado para llevar a cabo la *Antología general de la poesía mexicana*, una serie de composiciones satíricas, humorísticas y procaces, de algunos autores, quedaron al margen porque preferí dar únicamente una breve muestra de esos tonos y registros, concentrándome en la obra modélica de cada autor, pues también es obvio que mucha de la poesía satírica y procaz es, más bien, marginal en el ejercicio creativo y, en no pocos casos, casi secreta.

Como ya he advertido, también quedaron fuera de la *Antología general de la poesía mexicana* composiciones anónimas y populares (muchas de ella interdictas), cuyos temas y tratamientos, generalmente impúdicos, revelan, de cualquier forma, una de las facetas más creativas y potentes de nuestra lírica. En otros casos, no se trataba exactamente de impudor, sino de sátira política o humorística (tanto anónima como de autor) que ahora aprovecho para incluir en esta *Breve antología de poesía mexicana impúdica, procaz, satírica y burlesca*, porque seguro estoy que será del placer y la utilidad de los lectores.

La sátira política y las composiciones burlescas y humorísticas de connotaciones sexuales y escatológicas forman parte, sin duda, de nuestra mayor inventiva poética, pero es frecuente esconderlas por un prurito de vergüenza, a pesar de que todos, en mayor o menor medida, sabemos de ellas y las gozamos o denostamos, y glosamos o parodiamos, según sea el caso. La censura y la autocensura han hecho de esta veta lírica un universo vergonzante en el que no está ausente del todo la hipocresía, pues el juicio o el prejuicio que se hagan sobre una creación literaria a partir de los términos que utiliza el autor es del todo insincero, pues no es, en este caso, la obra la que se juzga sino el lenguaje que se considera vulgar y el propósito que, de antemano, se sabe ofensivo.

Lo extraordinario es que hay mucha gente que no sabe que sor Juana Inés de la Cruz, nuestra gran sor Juana (monja jerónima, además), el más elevado talento de la emoción y la inteligencia novohispana, escribió los siguientes versos:

> Inés, cuando te riñen por *bellaca*,
> para disculpas no te falta *achaque*
> porque dices que traque y que *barraque*;
> conque sabes muy bien tapar la *caca*.

Igualmente, de ella son también estos versos que, con todo su elegante barroquismo, aluden a una mujer que "desembucha" del vientre (es decir, pare) hijos que no son de su marido, siendo ya muy ducha en engañarlo poniéndole los cuernos:

> Estás a hacerle burlas ya tan *ducha*,
> y a salir de ellas bien estás tan *hecha*,
> que de lo que tu vientre *desembucha*
> sabes darle a entender, cuando *sospecha*,
> que has hecho, por hacer su hacienda *mucha*,
> de ajena siembra, suya la *cosecha*.

Si lo perdurable es lo que tiene, por sí mismo, valor, mucho de lo perdurable en la poesía popular tiene que ver con todo aquello que consiguió vencer la represión y la censura, y se alimenta de sexualidad, humor, insulto, albures, pullas y, en general, lenguaje de doble sentido. Contra lo que nunca puede el Poder es justamente contra el humor, contra la sátira y contra el balance popular que saca cuentas y define al Poder y al poderoso. El epigrama mordaz, el lenguaje procaz, la deliberada grosería, el insulto más ácido y la burla más grotesca mueven siempre a la risa, como una forma de revancha que se toma el pueblo contra el poderoso que, en general, no sólo carece de sentido del humor sino que sabe que ante él se encuentra indefenso.

Carlos Monsiváis dijo, muy atinadamente, que "nada causa más hilaridad que los abordajes al poder y a la fisiología, y la agudeza se alimenta del resentimiento ante los nuevo ricos, ante el sexo inalcanzable o demasiado fácil, ante las urgencias fisiológicas, ante los desvaríos de quienes se sienten en el olimpo de maneras y atavíos". El humor y la procacidad son demoledores con la "aristocracia" o lo aristocratizante, con el abuso de los políticos y con las formas exclusivistas de las elites que son en sí mismas desdeñosas y despreciativas. Qué mejor revancha que el ingenio lleno de vulgaridad del que precisamente carecen estas elites. Los dardos envenenados de procacidad dan en el blanco cuando ridiculizan al rico y al poderoso y propician y promueven la carcajada masiva.

Y hay dos lugares favoritos donde todos caen tarde o temprano: el cagadero y el panteón. Por ello los grafitis o letreros de letrinas son de un ingenio inolvidable como lo son también las famosas "calaveras": versos satíricos que, en sus mejores expresiones, resultan obras maestras de la crítica política, a diferencia de las adulteradas y anómalas que tienen como propósito elogiar y no criticar. La calavera poética o es crítica, burlesca y humorística o no es calavera. Y el letrero de letrina, el de la poesía urgente e insurgente, no respeta clase social ni ideología. Por ello, lo mismo es posible encontrar en los mingitorios o cagaderos expresiones como ésta: "Casi todo lo ganado entra por la boca y sale al escusado", o bien este parlamento donde un poeta de letrina le responde a otro (a principios del siglo XX) tomando con mucho humor su euforia revolucionaria: "¡Viva Francisco I. Madero!", escribe uno, y el otro complementa debajo de la consigna política: "¡Sentado en este agujero!". Lo cual desmitifica y, al mismo tiempo, dignifica a los héroes y próceres, pues los baja de sus pedestales y los humaniza, recordándonos (por si lo habíamos olvidado) que los héroes también cagan. Lloran, desde luego (como Porfirio Díaz, *El Llorón de Icamole*, que a cada rato soltaba la lágrima) y cometen errores y estupideces, como el mismo Madero que, estúpidamente (unos dicen que ingenuamente, porque gustan de los eufemismos), confió en la "lealtad" de Victoriano Huerta, pese a las advertencias de su hermano Gustavo, que lo puso sobre aviso en relación con la felonía de *El Chacal* de Colotlán, y así pagó su necedad: con su vida. Conclusión: de la muerte y del escusado nadie se salva.

Las "malas palabras" tienen muy mala fama pero muy buena propaganda: se propagan extraordinariamente. Corresponden a una venganza contra la represión del Poder y todos los poderes. Las "malas palabras" son un tabú, pero un tabú que se transgrede en ciertas circunstancias (las íntimas y las urgentes) y en ciertos espacios: la letrina, el escusado, las bardas, los libros (que se escriben en la intimidad y se leen tan escasamente) y, por qué no, los periódicos cuya principal utilidad en los escusados no siempre ha sido la de la lectura.

En su libro *Las malas palabras*, el psicoanalista argentino Ariel C. Arango advierte que, en principio, "las 'malas' palabras mencionan siempre partes del cuerpo, secreciones o conductas que suscitan deseos sexuales"; por ello son siempre "palabras obscenas". Siendo la obscenidad "lo impúdico o lo ofensivo al pudor", cuyo contrario es el recato, resulta entonces que el tabú que obliga a no nombrarlas proviene de un poder político (es decir, de Estado) que las condena por veraces, por llamar pan al pan y culo al culo. Arango enfatiza: "Sabemos ahora que las 'malas' palabras son 'malas' porque son obscenas. Y son obscenas porque nombran sin hipocresía, eufemismo o pudor lo que no debe mencionarse nunca en público: la sexualidad lujuriosa y veraz".

Este juicio es válido para todos los países y todos los idiomas, porque el Poder y en general los poderes de todo tipo, cuyo fundamento es la represión ("vigilar y castigar", como bien lo sintetizó Michel Foucault) inhibe o prohíbe abiertamente la sinceridad, privilegiando el eufemismo o ya de plano la mentira. Arango advierte que las llamadas "malas palabras" son tan perturbadoras, producto del vértigo represor y autorrepresivo, que son muchos (y muchas) las que caen en el autoengaño de creer que hablar de la sexualidad y vivirla es la misma cosa, que mencionar el coño y la verga es prácticamente tocarlos, que si se escribe mierda o caca queda uno embarrado, que si se habla de pajas y manoseos queda uno manchado, no sólo en el idioma sino en la lengua misma, es decir, en el órgano muscular que sirve para la degustación. "¿Con esa boquita comes?", preguntan, irónicamente, los escandalizados que son, generalmente, los atildados que también tienen su boquita sucia, pero sucia únicamente en secreto.

La conclusión de Arango no puede ser más certera: "Todo lo escatológico es tabú. Por esta causa las palabras que mencionan cosas excrementicias tienen que ser pronunciadas con sordina, con tonos apagados, casi indefinidos. Están absolutamente desterrados de las sonoridades claras, nítidas, fuertemente descriptivas que suscitan las 'malas' palabras. En realidad, los seres humanos civilizados componemos una deshonesta cofradía que presume y finge que los hombres y las mujeres que la forman no tienen *culo*, no se tiran *pedos*, ignoran lo que es la *mierda* o el *sorete* y, por supuesto, tampoco, ¡jamás!, *cagan*". Por ello no sólo los albures y letreros obscenos siempre han estado proscritos en las publicaciones respetables (hasta que Armando Jiménez rompió ese tabú, en 1960, en México, con su *Picardía mexicana*), sino que esa interdicción alcanza a la mejor poesía de connotación impúdica, procaz, satírica y burlesca, pues muchas veces la sátira política habla de mierda y de orines y en no pocos casos, muy abiertamente, compara las malas acciones de los políticos y demás poderosos con las deyecciones.

No se equivocaba Freud cuando en su libro *Tótem y tabú* (1913) enfatizaba que "el hombre que ha infringido un tabú se hace tabú, a su vez, porque posee la facultad peligrosa de incitar a los demás a seguir su ejemplo. Resulta, pues, realmente *contagioso*, por cuanto dicho ejemplo impulsa a la imitación y, por lo tanto, debe ser evitado a su vez". ¿Y quién puede evitarlo sino el Poder? Los poderosos han establecido, desde los tiempos más remotos, un tabú universal: ellos, como dignatarios, son *intocables* y, como jefes y altos personajes, ponen en torno suyo una muralla que los hace *inaccesibles* a los demás. En muchos casos no se les debe siquiera mirar a los ojos. Por eso el tabú está asociado a los intereses de las clases privilegiadas y a todos los que ostentan un poder.

Pero las palabras no sólo tocan a los poderosos, sino que los embarran, recordándoles que sus orígenes —como los orígenes de todos los demás— también son sucios. Todo se puede prohibir, desde el punto de vista del Poder, pero también todo se puede transgredir, y la transgresión más temible es la de la palabra (hablada o escrita) que incita si no a la acción sí al menos a la conciencia y, en no pocos casos, a la burla. No hay nada peor para el Poder que un ciudadano consciente que se burla del flujo pretencioso que impulsa a las jerarquías de abusones, o que se une a la carcajada general contra esa pretenciosidad que deviene ridículo. Contra la revancha de la palabra no hay defensa.

Mucho de lo que hacen los poderosos contra los ciudadanos de a pie es, literalmente, una mierda, y la lírica escatológica, satírica y burlesca se encarga de nombrarlo y divulgarlo como la revancha que se toma ante la imposibilidad de evitar esa mierda que cae como lluvia sobre el que padece al mal gobernante, al zafio y abusivo diputado y, en general, a todo aquel que ejerce un abuso de poder contra el ciudadano que sólo tiene por defensa decir y escribir la verdad sin eufemismos o, mejor aún, con escatológica sinceridad, rompiendo todo tabú de "decencia". Sabiendo el horror que tienen los poderosos por la verdad sin eufemismos (como si las palabras hedieran), quienes cobran venganza de las humillaciones y abusos vinculan el nombre del humillador y abusivo con "apestosas" e "indecentes" palabras que los acompañarán toda su vida y que, en no pocos casos, perdurarán por siglos y aun por milenios para que su memoria quede por siempre "apestada".

Camilo José Cela insiste sobre este asunto, en relación con España, pero esto aplica para México y todos los países de lengua española. Advierte: "La gente se rasga las vestiduras. Ya se sabe, la farsa. Lo que es evidente es que esos que se escandalizan de ciertas palabras, usan esas mismas palabras en el casino. El español, con frecuencia, tiene una lengua para la familia y otra para el casino, y esto es una farsa, sí, la hipocresía en el uso del lenguaje. Cuando publiqué mi *Diccionario secreto*, que es un diccionario de autoridades, me limité a ordenar y a estudiar estas voces, sin pronunciarme sobre si su uso es preconizable o no".

Sabido es que la política, en su práctica real, es el arte de mentir o, en el mejor de los casos, de omitir la verdad. Por ello, todo el mundo sabe, y ha sabido en todo tiempo, que el Poder se basa en la mentira y, en el mejor de los casos, en la elusión de la verdad. Pero el lenguaje popular es, justamente, lo contrario: mediante el uso de las palabras verdaderas, sin eufemismos, el ser humano se libera y recobra la independencia que le había arrebatado el poder; rompe con el tabú, vence la coacción y, por supuesto, escandaliza a una sociedad "respetable" que se ha acostumbrado ya demasiado a vivir en la censura y la autocensura.

Arango concluye que "la condena de las 'malas' palabras constituye una reliquia de nuestro pasado ancestral que lleva en sí las huellas de las terribles prohibiciones que le dieron origen. Es, propiamente, una pieza arqueológica en nuestro mundo civilizado. Es necesario, por lo tanto, superar esta inercia moral. Nuestra salud mental y física así lo exige. El lenguaje obsceno no debe ser ya más perseguido, atávicamente, por la ley y, por el contrario, debe ser objeto de tutela".

Más allá, por supuesto, de este alegato de reivindicación, el lenguaje obsceno ha roto siempre todas las barreras de la prohibición y ha elegido en especial el espacio íntimo (el más íntimo: donde se caga y se mea y donde algunos se la menean) para evadir la censura. Desde la Antigüedad grecorromana el escusado fue el sitio donde el idioma se expresó en su más plena libertad. En el libro *Grafitos amatorios pompeyanos* (1990), podemos ver que, hace dos mil años, los precursores del "gallito inglés" (un "inglés" paradójicamente mexicano) escribieron letreros como los siguientes: "Aquí tiene su morada [*y aquí el dibujo de un falo*] la Felicidad"; "Veo dos vergas. Yo, el lector, soy la tercera"; "Cuando me da la gana me siento en él", y este último que, en su traducción en español, es un perfecto dístico brevísimo:

> Si cagas aquí,
> ¡ay de ti!

Hoy el tabú de las "malas palabras" ha llevado el eufemismo represor y represivo a extremos verdaderamente ridículos. En México se prefiere decir "pompis" a decir "nalgas" (siendo que se llaman *nalgas*), y decir "bubis" en lugar de "tetas", a pesar de que son *tetas*, pues recordemos el maravilloso poema "La Giganta" de Salvador Díaz Mirón en donde leemos este magistral verso: "Tetas vastas, como frutos del más pródigo papayo". Esos eufemismos bobos, que rayan en la estulticia, son extremos de la insinceridad y la ignorancia del idioma, además de resabios de una moral hipócrita. Razonablemente, por muy brutos que seamos, podemos saber que las palabras tan sólo representan el nombre de las cosas o de las acciones, y que no son las cosas en sí ni mucho menos las acciones. Por tanto, decir o escribir *mierda, culo, pedo, verga, caca, mear, zurrar*, etcétera, no equivale más que a la representación de las cosas a través del idioma.

Roland Barthes dijo, con sabiduría, que "la mierda escrita no huele". El Poder cree que sí; está seguro que exhala un olor inmundo, un efluvio a mierda, que por supuesto irremediablemente lo envuelve, y es que la sátira se lanza contra los poderosos y los presuntuosos; el epigrama feroz y procaz da en el blanco de reyes y demás monarcas y jerarcas; el poema burlesco hace reír al pueblo mientras el poderoso rabia. En su *Historia de la mierda* (1980), Dominique Laporte advierte que es imposible negar que una literatura, marginal pero abundante, sobre lo excrementicio hoy puede considerarse como una de las bellas artes. Seguramente hubo esta lógica, en el año 2000, en México, cuando la Lotería Nacional, institución pública, le hizo un homenaje a Armando Jiménez, el autor del libro *Picardía mexicana* (1960), obra recopiladora del arte de las "malas palabras", cuando en el sorteo del 9 de junio los billetes llevaron el retrato y la semblanza de quien sacó de las letrinas y el secreto, para ponerlos en la letra impresa, el ingenio y el genio populares referidos al sexo y al excremento. Es obvio que la "injuria" de las "malas palabras" únicamente ofende a quienes van dirigidas; a todos los demás los regocija y los libera.

Hablamos de fisiología, pero también de poesía, y no hay historia que esté exenta de las necesidades del cuerpo. Cagan hasta los príncipes, los reyes y las princesas. Dominique

Laporte, en su libro, cita el siguiente testimonio escrito en una carta de la duquesa de Orleans (princesa palatina) a la electriz de Hannover, fechada en Fontainebleau el 9 de octubre de 1694: "Sois muy dichosa de poder cagar cuando queráis, ¡cagad, pues, toda vuestra mierda de golpe!... No ocurre lo mismo aquí, donde estoy obligada a guardar mi cagallón hasta la noche; no hay retretes en las casas al lado del bosque y yo tengo la desgracia de vivir en una de ellas y, por consiguiente, la molestia de tener que ir a cagar fuera, lo que me enfada, porque me gusta cagar a mi aire, cuando mi culo no se expone a nada".

Por siglos las "malas palabras" se han guardado en los escritos íntimos y, por supuesto, en los sitios de soledad donde aflora la más que repentina inspiración. De las letrinas han salido muchos escritos y muchas ideas, seguramente una buena parte de la filosofía y no es improbable que más de una insurrección. Los poemas y fragmentos líricos que se incluyen en estas páginas ofrecen las múltiples posibilidades del idioma poético en toda su potencia liberadora: sátiras, coplas, canciones, albures, décimas, sonetos, romances, diálogos, dramas, sentencias filosóficas, refranes y otras formas que transmutan la mierda, la procacidad, el insulto, la burla, etcétera, en oro puro.

Una cosa indispensable es que la lírica repentista de los albureros, coplistas, poetas de letrina y versistas improvisadores de burlas y pullas, así como la creatividad más meditada de los autores cultos, no sólo tienen que ser ingeniosas, apasionadas e inteligentes (con frecuencia son filosóficas e históricas, como ya dijimos), sino que también deben desembocar en eficaces y contundentes artefactos verbales. Cuando cumple con estas exigencias, la poesía impúdica, procaz, satírica y burlesca se torna inolvidable y se nos graba en la memoria, con el poder del verso más clásico. Ejemplo:

> Al llegar este momento
> me pongo a considerar
> lo caro que está el sustento
> y en lo que viene a parar.

¡Absolutamente memorable!: cuatro versos octosílabos perfectamente escandidos e inmejorablemente rimados, con consonancia intachable, fruto de la concentración intelectual y sensorial de alguien que estaba demasiado ocupado en su ejercicio lírico como para dejarse distraer por el vulgar asunto fisiológico al que acudió por urgencia.

Si un poema no es verbalmente eficaz, se pierde en el olvido. Por ello, mucha poesía anónima y popular que ha sobrevivido por décadas, y aun por siglos, debe esta supervivencia a su indudable calidad lírica. Ningún poema anónimo ha llegado hasta nuestros días, luego de recorrer cientos de años, por ser aburrido o pésimo. Esta *Breve antología* lo demuestra con creces, pese a su brevedad. Desde la sátira política e histórica, hasta la lírica machista y homosexual, pasando por las composiciones festivas y burlescas, excrementicias, epigramáticas entre letrados e incluso cultas y eruditas, la poesía impúdica y procaz se ha abierto camino en la memoria y el imaginario popular gracias a sus valores estéticos, a su originalidad, a su gracia y a su ejemplaridad para efectos de su intención y propósito.

Monsiváis, agudo observador de los poderes humorísticos y satíricos, advirtió que "el humor, género claramente secundario, debe descubrir las zonas del ridículo, exhortar, amenizar, ser un recordatorio ético". Por ello, concluye, "la moral con risa entra". Lo cómico no es permanente; cambia con el tiempo y con la forma de ver el mundo. El humor requiere, además, de un contexto común y de un código comprensible para la mayoría. Por ello, hay muchos textos que fueron humorísticos y que hoy no lo son. Lo que cambia es la forma, pero lo que no cambia es aquello en que se apoya el humor y la burla. Dice bien Monsiváis: "La gente se ríe de unos cuantos motivos permanentes: del poder, de la estupidez de los opresores, del esnobismo, de la tontería del arribista, de la irrisión y la credulidad de los políticos y su hambre de estatuas ecuestres que fijen su gloria". Y, por supuesto, entre los motivos de risa y burla, cuando el humor es auténtico, están los vicios y las acciones del mismo que hace la burla. El sarcasmo contra uno mismo (como en el caso de los homosexuales que se lanzan epigramas entre ellos, o el de los que han cometido una pendejada y se asumen como pendejos) es una de las formas más liberadoras porque uno de los elementos fundamentales de la autenticidad es no tomarse demasiado en serio.

Como ya dijimos, esta *Breve antología* ha tratado de abarcar todos los registros posibles de la lírica del escarnio (incluido el autoescarnio) con la única condición de la calidad estética de los textos, sin llevar a cabo ni juicios ni prejuicios morales. Lo que hay en estas páginas es poesía, sin lugar a dudas. Cabe hacer una advertencia: salvo en el caso de sor Juana Inés de la Cruz, no hay más textos escritos por mujeres. Sin duda es cosa de notar, para un estudio profundo, el hecho de que la poesía satírica, impúdica y procaz sea casi unánimemente masculina y generalmente machista; consecuencia, quizá, de nuestra configuración social que se asienta, desde hace siglos, en el poder masculino.

El albur es básicamente machista, aunque existan mujeres albureras; el epigrama de connotación sexual es también machista incluso cuando es homosexual, y la sátira política y burlesca ha sido desde antaño oficio de hombres. Desde los Siglos de Oro español, y por supuesto antes, hay escasísimas muestras de poesía burlesca y procaz en la poesía femenina, y siempre suponemos o sospechamos, por el tono y el temperamento de lo escrito, que los grafitis y letreros anónimos se deben a manos masculinas. Por lo demás, la recopilación que se ha hecho de los letreros que tratan los asuntos íntimos, siempre proviene de las letrinas y los mingitorios de los "caballeros" y no del tocador ni del escusado de las "damas". Tarea pendiente es ésta de indagar qué se escribe allí, por mano femenina, pues seguramente algo ha de haber digno de conservarse.

Como un ejemplo bastante serio, la argentina Paola E. Raffetta, para obtener su postítulo en educación sexual, escribió la tesina *La sexualidad en la escuela: grafitis en baños escolares de la ciudad de Buenos Aires*. La tesista refiere los múltiples obstáculos a los que se enfrentó para realizar su investigación por parte de las autoridades escolares, ello a pesar de contar con una carta de presentación en la que se establecía su propósito de estudio. Todo lo cual reafirma que, sobre este tema, todo se vuelve interdicción, pese al propósito de estudio que es justamente la educación sexual. Explica: "En algunas escuelas [las autoridades] pusieron excusas simples para impedirme el paso, otras me pedían volver en otro momento en que estuviera una autoridad mayor que la que me atendía. En los casos en los que accedí a hablar con las autoridades, me requerían permiso de la supervisión, y así sucesivamente. Algunas escuelas me prohibieron el acceso con distintas explicaciones, desde la privacidad del estudiantado hasta las preocupaciones por las repercusiones que pudiera tener la divulgación de las fotos que componen este trabajo".

Lo dicho: todo el mundo sabe que en los baños se expresa la lengua con libertad, pero lo que no se desea es que estas expresiones de la libertad se hagan públicas. O bien se prohíbe mirar o bien se permite ver únicamente cuando esas expresiones han sido borradas. Raffetta lo confirma: "En algunas de las escuelas a las que me permitieron ingresar, las paredes estaban libres de grafitis". Pese a todo, la tenaz investigadora argentina recogió algunos ejemplos reveladores en los baños de niñas y adolescentes. Nada por supuesto que ver con la poesía, pero sí con el ejercicio impúdico y el despertar sexual. Helos aquí: "Andrea se la come a la de Yoni a mordiscones", "Romina, sos re puta", "Noelia es una puta regalada", "Todas las que leen esto son putas", "No soy ninguna cagona", "Todos cogen. ¿Alguien le gusta coger? Digan que sí", "Culo concha teta pija", "Los varones se la comen", etcétera. En internet, Silvana Castro, también argentina, tiene la página "Graffitis de mujeres" en la que recopila los letreros que las mujeres escriben en las paredes y puertas de los baños públicos de bares, estaciones de tren, hospitales, escuelas, bibliotecas y universidades de Buenos Aires. He aquí un ejemplo de pregunta-respuesta en el baño de la Ciudad Universitaria: "Chicas: necesito un pequeño consejo. El miércoles 5/4 mi novio y yo cumplimos nuestro primer mes juntos. ¿Qué le regalo?" Respuesta: "–Una buena cogida".

Es obvio que un ejercicio similar en México, en los baños de mujeres, puede revelar mucho más de lo que sabemos sobre el albur y la impudicia que hasta ahora se han focalizado como prácticas masculinas y machistas. Quizá algún día veamos que la lírica impúdica, procaz, satírica y burlesca no está únicamente en los baños de "caballeros" que, por lo demás, de caballeros no tienen ni el caballo.

Únicamente me resta agradecer a Rogelio Villarreal Cueva, director general de Editorial Océano de México, la oportunidad que me da de complementar la *Antología general de la poesía mexicana* con esta *Breve antología de poesía mexicana impúdica, procaz, satírica y burlesca*. Estoy seguro que a los lectores les será útil, amena, entretenida e incluso informativa e instructiva, pues en esta poesía también hay política, historia, cuadros de costumbres, hábitos y espejos de las épocas. Gracias a Guadalupe Ordaz, Adriana Cataño y José Luis Campos por el invaluable apoyo editorial. Mi agradecimiento también a quienes me ayudaron en la localización y fijación de ciertos textos (Fernando Diez de Urdanivia, Rius y *El Chamuco*, Jaime Hernández y la Casa de la Poesía de Cocula) y muy especialmente a Patricia Leduc, hija de Renato Leduc y heredera de los derechos de su padre, quien con su acostumbrada gentileza me autorizó a incluir en estas páginas el inolvidable "Prometeo" de su padre. Renato Leduc hizo mucho más que poesía: contribuyó grandemente a que nuestra lírica abandonara muchas de sus imposturas. ¡Que viva Renato Leduc!

Ciudad de México, 23 de abril de 2015

I. Histórica y política

Contra el gachupín

Viene de España por el mar salobre
a nuestro mexicano domicilio
un hombre tosco, sin algún auxilio,
de salud falto y de dinero pobre.

Y luego que caudal y ánimo cobre,
le aplican en su bárbaro concilio
otros como él, de César y Virgilio
las dos coronas de laurel y robre.

Y el otro, que agujetas y alfileres
vendía por las calles, ya es un Conde
en calidad, y en cantidad un Fúcar;

y abomina después el lugar donde
adquirió estimación, gusto y haberes:
¡y tiraba la jábega en Sanlúcar!

• Atribuido a Mateo Rosas de Oquendo (¿1559?-1612), este magistral soneto está recogido en la *Sumaria relación de las cosas de Nueva España* (1604), de Baltasar Dorantes de Carranza, y representa uno de los momentos más estimables de la sátira social de la época contra los españoles que venían a la Nueva España a "hacer la América". El término "Fúcar" alude a *Fugger*, apellido de la familia alemana de banqueros de los siglos XV y XVI, y en un sentido general se refiere a alguien muy rico. En relación con el último verso, el investigador Arnulfo Herrera explica lo siguiente, en su ensayo "Los traspiés de un sermón famoso" (incluido en el libro *Poesía satírica y burlesca en la Hispanoamérica colonial*, Madrid, 2009): "La jábega es una red muy larga de pescador que se tira desde la tierra con ayuda de unos cabos. Sin embargo, la expresión 'tirar la jábega en Sanlúcar' debió tener un sentido rufianesco en el lenguaje de germanía porque Sanlúcar formaba parte de los sitios infestados por la delincuencia en un conocido mapa de la picaresca española aurisecular". •

Epitafio

Aquí yace el gachupín
que vino de Santander.
Como vino a hacer rico,
nada más vino a joder.

Aquí yace, y hace bien,
Venancio el de Santander.
Como vino a hacerse rico,
nada más vino a joder.

• De autor anónimo, esta cuarteta es, sin ninguna duda, obra de un criollo. Muchos españoles que llegaban a América en la época colonial procedían del puerto de Santander (Cantabria), y eran especialmente comerciantes. En el siglo XVIII un decreto real permitió a Santander un comercio amplio e intenso con las colonias españolas y algunos santanderinos prosperaron notoriamente gracias a la Nueva España. •

Contra los criollos

En la lengua portuguesa
al ojo le llaman *cri*,
y aquel que pronuncia así
aquesta lengua profesa.
En la nación holandesa
ollo le llaman al culo
y así con gran disimulo,
juntando el *cri* con el *ollo*
lo mismo es decir *criollo*
que decir ojo de culo.

• De autores anónimos, esta décima y la siguiente (que es respuesta a la presente) datan del siglo XIX. Las incluye Gabriel Zaid en su *Ómnibus de poesía mexicana* (1971), y Juan María Alponte (en su libro *A la vera de las independencias de la América Hispánica*, México, Océano, 2009) comenta que, durante la Colonia, la primera décima "apareció en varias esquinas de la ciudad de México, cuya autoría se atribuyó a los peninsulares dueños de las tiendas del Parián", y que la respuesta de los criollos (la décima de la página siguiente) no tardó mucho. Ambas son, sin duda, piezas magistrales de la poesía satírica y burlesca de la última época del México colonial. •

Respuesta de los criollos

Gachu en arábigo hablar
es en castellano *mula*:
pin la Guinea articula
y en su lengua dice *dar*:
de donde vengo a sacar
que este nombre *gachupín*
es un *muladar* sin fin,
donde el criollo siendo culo
bien puede sin disimulo
cagarse en cosa tan ruin.

La herencia del virrey Marquina

Para perpetua memoria
nos dejó el virrey Marquina
una pila en que se orina
y aquí se acaba la historia.

VARIANTE

Para perpetua memoria
nos dejó el virrey Marquina
una fuente en que se orina
y ahí se acabó su historia.

• Félix Berenguer de Marquina (Alicante, España, 1736-1826) fue virrey de la Nueva España de 1800 a 1803. Se dice que tenía poca habilidad para gobernar, y en cuanto a la obra pública dejó muy poca, pues únicamente se le recuerda por la finalización de la estatua ecuestre de Carlos IV (el famoso *Caballito*), de Manuel Tolsá, y por una fuente que nunca tuvo agua y que muchos usaban como mingitorio; de ahí el sentido burlesco de la excelente cuarteta anónima que resumió toda su administración. •

Contra Calleja y Apodaca

Señor Virrey Apodaca,
ya no da leche la vaca,
porque toda la que había
Calleja se la llevó.
Ahora ya no hay más que pollos
y estos son para los criollos.

La tiranía de Apodaca
nos causa gran malestar.
Más valiera que el Virrey
se fuera pronto a pelear,
pues no tenemos empacho
en llamarle buen borracho.

• Estas coplas anónimas muestran la inconformidad popular contra los virreyes Félix María Calleja (1753-1828) y Juan Ruiz de Apodaca (1754-1835), que ocuparon el poder en la Nueva España de 1813 a 1816 y de 1816 a 1821, respectivamente. Calleja fue relevado en el poder por Apodaca, luego de que muchos notables se quejaran de él ante la Corona española, debido a sus abusos y autoritarismo. Cuando regresó a España se llevó cuanto pudo, según el sentir de la gente. Apodaca, por su parte, tomaba a veces decisiones tan absurdas, ridículas o descabelladas (por ejemplo, prohibió que los niños volaran cometas) que la gente pensaba que lo hacía cuando estaba borracho. •

Mier da para todos

Del mayordomo de Mier
los mendigos se quejaron,
porque algunos no lograron
que les diese de comer.
Entonces, con malos modos,
y agachando las orejas,
dijo aquél: "No habrá más quejas
porque Mier da para todos".

Luis G. Ledesma

• La poesía de Luis Gonzaga Ledesma (Zacatecas, 1847-Aguascalientes, 1922), estupendo poeta satírico y humorístico que adoptó el seudónimo "Samuel", está recopilada en el volumen *La musa festiva de Samuel* (1887). A dicho libro pertenece este epigrama en el que usa magistralmente el doble sentido y que, además, revela a la sociedad mexicana del siglo XIX, hecha de amos, mayordomos y pobres cuando no mendigos.•

Contra el tirano

Tenga el tirano presente
y su gavilla falaz,
que la era de la paz
a todos por igual mide,
y como acabó Iturbide
acabarán los demás.

• Esta copla popular está dirigida a Antonio López de Santa Anna (1794-1876), quien fuera presidente de México en once ocasiones (entre 1833 y 1855) y que, dictatorialmente, adoptó el tratamiento de Alteza Serenísima. La referencia a Agustín de Iturbide (1783-1824) se debe a que, proclamado éste emperador mexicano ("Agustín I") en 1822, fue derrocado y desterrado en 1823. Estuvo exiliado en Europa y, cuando regresó a México en 1824, fue arrestado y ejecutado en Tamaulipas. De ahí la advertencia que se le hace a Santa Anna en esta copla que cita Enrique González Pedrero en su libro *País de un solo hombre: el México de Santa Anna*, vol. I: *La ronda de los contrarios* (México, 1993). •

¿Contra Santa Anna?

El éxito no fue malo,
vencimos a los traidores,
y volví pisando flores
con una pierna de palo.

Antonio Plaza

• Antonio Plaza (Apaseo, Guanajuato, 1833-ciudad de México, 1882) es, esencialmente, un poeta rudo y directo ("el inefable Plaza", dicen con injusto desdén los cultos), pero quizá por ello lo mejor de su producción son los epigramas satíricos y burlescos. Se hizo muy popular con su poema "A una ramera" y otros más que, sin duda, sedujeron a un público lector sencillo y poco exigente en el siglo XIX y buena parte del XX, entre ellos uno que lleva por título "La voz del inválido". Su obra poética completa fue recogida en 1890 en el volumen *Álbum del corazón* que prologó su amigo Juan de Dios Peza. Curiosamente, esta cuarteta que durante muchos años se ha dicho y escrito que dirigió, con escarnio, a Antonio López de Santa Anna, no es en realidad un epigrama burlesco ni el blanco de la supuesta burla fue el militar y político mexicano; forma parte de "La voz del inválido" y no hace referencia a la amputación de la pierna del dictador; por el contrario, se trata de uno de los momentos líricos más tristes en donde, con pesadumbre, "un viejo descreído y mutilado" cuenta su vida y da consejos "a un joven de naciente bozo". Es absurdo pensar que quien habla en ese poema es Santa Anna, pues lo que el anciano aconseja al joven (llamado Andrés) es un elevado comportamiento moral ("quiero, Andrés, que no hagas mal / ni dejes que te lo hagan"... / Yo no te aconsejo el vicio, / el que mal hace, mal halla"..., etcétera) del que, por supuesto, careció Santa Anna. Fuera del contexto en el que Antonio Plaza escribió esta cuarteta, muchos se la dirigieron al dictador, y en diversas antologías literarias e historias de la literatura se consigna, erróneamente, que se trata del epigrama que Plaza escribió contra Santa Anna cuando éste perdió una pierna, producto de heridas de guerra en la lucha contra los franceses en Veracruz. Plaza nunca escribió tal epigrama; más bien el epigrama es obra del uso popular que se le dio a estos versos para satirizar a quien apodaron a partir de entonces "El Quince Uñas". •

Adivinanza

Es Santa sin ser mujer,
es rey sin un cetro real,
es hombre, mas no cabal,
y sultán, al parecer.
Que vive, debemos creer:
parte en el sepulcro está
y parte dándonos guerra.
¿Será esto de la tierra
o qué demonios será?

VARIANTE

Es Santa sin ser mujer;
es hombre, mas no cabal;
es de palo, carne y hueso.
Adivina quién será.

• Esta copla anónima (con sus diversas variantes) hace mofa de Santa
Anna en relación no sólo con su apellido y con su poca probidad y ca-
balidad, sino también con la amputación de su pierna y con el hecho de
que ésta fuese sepultada con todos los honores civiles y militares en una
sesión solemne, en la ciudad de México, luego de haber sido exhibida en
una vitrina, por orden, obviamente, del propio megalómano amputado. •

El susto
(Un carbonero en su tierra...)

Un carbonero en su tierra
loco se ha vuelto de gusto,
pero otro que es de razón
se está zurrando del susto.

A México fui, señores,
el sábado en la mañana.
La venida de Santa Anna
aplaudieron con amores.
Ya hay victoria, no hay temores,
dije, me voy a mi tierra,
pues ha parado la guerra
que me amenazaba tanto.
—Hoy dice con dulce canto
un carbonero en su tierra.

Yo mi carbón lo tiraba
y no quería ni vender,
tan sólo por ir a ver
lo que el pueblo proclamaba.
A Santa Anna se aguardaba,
y que vendrá con gran gusto
un hombre bello y adusto
que dio la acción en Tampico.
Yo me vuelvo hasta perico,
loco me vuelvo de gusto.

¡Qué carbonero tan guaje
que ni vendió su carbón!
¡Qué atontado!, ¡qué simplón!
¡Ah, qué indito tan salvaje!
Se fue contento a su viaje
y halló la revolución,
que se hallaba en la ocasión
por las vivas a Santa Anna.
—Un domingo en la mañana
me dijo uno de razón.

Grande alboroto se ha visto
en la ciudad mexicana.
¡Que repiquen las campanas!
La verdad a esto sí asisto,
pues jamás había yo visto
acción de tan grande gusto.
Con razón el indio Justo
ha dicho de los bacines:
"Por el toque de clarines
se están zurrando del susto".

• Canción anónima de la época que refleja las reacciones encontradas
que producía Santa Anna cada vez que regresaba al poder. En ella se sa-
tiriza al ingenuo indígena (un carbonero) que creía que Santa Anna era
la solución a todos los problemas de México, oponiéndole la opinión
de la gente "de razón" (curiosamente, otro indio), es decir, la opinión de
los escépticos informados que sabían que no tenían nada de qué ale-
grarse y sí mucho de qué preocuparse cuando el dictador volvía, por
enésima vez, al poder. Mientras unos, ingenuamente, se alegraban y se
volvían locos de gusto, otros se preocupaban y, literalmente, se zurra-
ban del susto. Estas décimas anónimas y su cuarteta inicial las recoge
Vicente T. Mendoza en su libro *Glosas y décimas de México* (1957). •

Despedida a Papá Forey

Arribaste a nuestras playas,
rayo del emperador,
tragándote el mar de un sorbo,
de un soplo apagando el sol,
objetáronte los tuyos
lo tonto y lo barrigón:
y es un sargento con cruces,
clamó el último tambor;
mas tú a Saligny dijiste:
tocaremos el violón,
y hoy al búho remedando
de Almonte y Salas la voz,
te dicen del *de profundis*,
imitando la canción:
¡Ay, adiós, adiós,
adiós, mariscal, adiós!

[...]

Lleva de la heroica Puebla,
como título al bastón,
unas cazuelas rajadas
y sin mango ni asador,
que son los signos del hambre
que allí fue lo que venció.
Lleva unos guajes sin agua,
y de un pollo el armazón,
como despojos gloriosos
y como signos de honor:

por cientos los moños verdes
lleva también en su arcón.
¿Y los piastras? —Escondidos,
que esos se los debe a Dios,
que es para los que defienden
la sagrada religión,
una buena California
y el quid de la intervención.
Y mientras tú la mamola
nos haces, ¡oh, barrigón!,
gritan en coro los mochos,
ahogándose de dolor:
¡Adiós, adiós,
adiós, mariscal, adiós.

GUILLERMO PRIETO

• Guillermo Prieto (ciudad de México, 1818-1897), poeta, periodista y
político liberal mexicano, popularizó su seudónimo "Fidel" con poemas
patrios y amorosos y con una eficaz vena satírica y popular en sus libros
Musa callejera (1883) y *El romancero nacional* (1885). Juarista y uno de
los artífices de la Reforma mexicana, combatió la intervención francesa
y el imperio de Maximiliano. Estos versos pertenecen a las estrofas pri-
mera y última de un romance burlesco contra el militar francés Frédéric
Forey (1804-1872) que comandó el cuerpo expedicionario de la inter-
vención francesa a México, el cual desembarcó en Veracruz, en 1862,
para luego tomar Puebla y la ciudad de México en 1863. En la capital
del país asumió poderes políticos y militares absolutos, y nombró un
triunvirato con Mariano Salas, Juan Nepomuceno Almonte y el arzobis-
po de México, en tanto llegaba Maximiliano de Habsburgo a ocupar el
trono. Cumplida su misión, Forey, "el barrigón", retornó a Francia, en
octubre de 1863, y a su partida se refiere el poeta, con sorna y resenti-
miento. Esta sátira vio la luz en el periódico *El Monarca* el 18 de octubre
de 1863, y luego fue recogida en el tercer tomo de *Musa callejera*. "Pias-
tra" equivale a dinero; "hacer la mamola" es dar golpecitos debajo de la
barba a alguien en señal de mofa o bien engañarlo con caricias fingidas,
tratándolo de bobo. •

Amor *a la francesa*

Que una mocha se alborote
con un zuavo, ¡bueno está!,
¿pero que pague el papá
después del... perjuicio... dote?
Eso es, dijo un monigote,
la soga tras el caldero:
consuélese, caballero,
que el menos pensado día
saldrá francesa la cría;
y cada año... otra remesa.
¡Ay, qué amor! —*A la francesa.*

GUILLERMO PRIETO

• Versos burlescos de Guillermo Prieto pertenecientes a su poema satíri-
co "Cosas a la francesa". Se publicó también en el periódico *El Monarca*
el 18 de octubre de 1863. Prieto se burla de los mexicanos y españoles
que buscaban, de inmediato y a toda costa, emparentar con los france-
ses. "Mocho" es término que se aplicaba al conservador, monárquico,
entreguista y católico durante la intervención francesa y el Imperio en
México. "Zuavo" era el soldado francés. Para las "mochas" no importaba
que fuera un simple soldado en tanto fuera francés. E incluso los padres
animaban a sus hijas a hacer trato placentero con los "güeritos" o las
lanzaban, literalmente, a los brazos de los soldados franceses. En una le-
trilla, Prieto insiste en el tema: "Con acento de alfeñique / y con andaluz
jaleo / cuando el triunfo del manteo / anunció el traidor repique, / entró
en casa don Fadrique / aumentando la boruca, / y le dijo a su hija Cuca /
moviendo alegre los pies: / *Ya vino el güerito, me alegro infinito,* / ¡ay, hija,
te pido por yerno un francés!". •

Contra Maximiliano

Llegaste, Maximiliano,
y te irás Maximilí,
pues lo que trajiste de ano
lo vas a dejar aquí.

• Maximiliano de Habsburgo (Viena, 1832-Querétaro, 1867) fue empe-
rador de México de 1864 a 1867, en el denominado Segundo Imperio
Mexicano, con el nombre de "Maximiliano I". Archiduque de Austria,
contrajo matrimonio con la princesa Carlota de Bélgica. Maximiliano
y Carlota aceptaron el trono de la Corona mexicana que les ofrecieron
los conservadores, pero con el triunfo del liberal y republicano Benito
Juárez, el emperador fue condenado a muerte y fusilado en 1867. Car-
lota, que ya había regresado a Europa, enloqueció, y murió en 1927. Se
dice que este epigrama, con algo de pronóstico y profecía, apareció en
los muros del Palacio Nacional el día que el archiduque llegó a la ciudad
de México. Lo recoge Armando Jiménez en su libro *Lugares de gozo, re-
tozo, ahogo y desahogo en la ciudad de México* (México, Océano, 2000). •

Defendiendo el Imperio de Maximiliano

Si pública es la mujer
que por puta es conocida,
República debe ser
aquella más prostituida.
Y siguiendo el parecer
de esta lógica absoluta,
todo aquel que se reputa
de República ser hijo,
debe ser a punto fijo
un hijo de la gran puta.

RESPUESTA DE UN REPUBLICANO

El que este verso escribió
con mano tan disoluta,
no niega que fue una puta
la madre que lo parió.

• Esta décima anónima y la cuarteta que le da respuesta circularon entre 1864 y 1867, los años en los que Maximiliano fue emperador de México. En la décima, los monárquicos y conservadores ofenden a la República y defienden implícitamente el Segundo Imperio Mexicano; en la cuarteta de respuesta, los republicanos contestan de la misma vehemente forma a sus adversarios. •

Patriotismo

Brindo como mexicano
y también como patriota:
que chin chin Maximiliano
y la puta de Carlota.

• Copla anónima y popular, esta cuarteta burlesca refleja el sentir de los republicanos en relación con el Segundo Imperio Mexicano. •

Pobre Max...

Pobre Max. Sólo queda de la ciega aventura
que llevan de la mano la muerte y la locura,
una canción burlesca, cinco balas de plomo
que motean de humo la mañana estival.
Y objetos empolvados en el museo, como
viejas decoraciones de una farsa teatral.

RAFAEL LÓPEZ

• Rafael López (Guanajuato, 1873-ciudad de México, 1943). De obra
breve, sus *Poemas* fueron publicados en 1941 por la Editorial Cultura,
con una cortísima tirada de 300 ejemplares. Estos versos son los que po-
nen fin a su soneto "Maximiliano" y reflejan muy bien lo que fue realmen-
te la aventura del archiduque y de Carlota (locura y muerte), al tiempo
que hace referencia a la famosa canción tragicómica "Adiós, mamá Car-
lota" que, escrita por Vicente Riva Palacio y reescrita por Juan A. Mateos,
fue interpretada y parodiada de muchas maneras chuscas y groseras. •

Adiós, mamá Carlota

Alegre el marinero con voz pausada canta,
y el ancla ya levanta con extraño fulgor;
la nave va en los mares, botando cual pelota,
adiós, mamá Carlota, adiós, mi tierno amor.

De la remota playa se mira con tristeza,
la estúpida nobleza del mocho y del traidor,
en lo hondo de su pecho presiente su derrota,
adiós, mamá Carlota, adiós, mi tierno amor.

Acábanse en palacio tertulias, juegos, bailes,
agítanse los frailes en fuerza de dolor,
la chusma de las cruces gritando se alborota,
adiós, mamá Carlota, adiós, mi tierno amor.

Murmuran tiernamente los tristes chambelanes,
lloran los capellanes y las damas de honor,
el triste Chucho Hermosa canta con lira rota,
adiós, mamá Carlota, adiós, mi tierno amor.

En tanto los chinacos que ya cantan victoria,
guardando en su memoria ni miedo ni rencor,
gritan mientras el viento la embarcación azota,
adiós, mamá Carlota, adiós, mi tierno amor.

VICENTE RIVA PALACIO

VARIANTE

La niebla de los mares radiante sol aclara.
Ya cruje la *Novara* a impulsos del vapor.
El agua embravecida la embarcación azota.
¡Adiós, mamá Carlota; adiós, mi tierno amor!

El ancla se desprende y la argentada espuma
revienta entre la bruma con lánguido rumor.
En lo alto de la nave el estandarte flota.
¡Adiós, mamá Carlota; adiós, mi tierno amor!

¿Qué llevas a tus lares? Recuerdos de esta tierra
donde extendió la guerra su aliento destructor.
Las olas son de sangre que por doquiera brota.
¡Adiós, mamá Carlota; adiós, mi tierno amor!

Mas pronto de los libres escucharás el canto,
bajo tu regio manto temblando de pavor.
Te seguirán sus ecos a la región ignota,
¡adiós, mamá Carlota; adiós, mi tierno amor!

Verás de tu destierro en la azulada esfera
flotar nuestra bandera con gloria y esplendor.
Y brotará laureles la tumba del patriota.
¡Adiós, mamá Carlota; adiós, mi tierno amor!

VERSIÓN DE JUAN A. MATEOS

• Vicente Riva Palacio (ciudad de México, 1832-Madrid, España, 1896)
fue escritor y periodista. Incursionó en la narrativa (cuento y novela), el
ensayo, la poesía y el teatro. El poema burlesco "Adiós, mamá Carlota"

es en realidad una parodia del poema "Adiós, oh patria mía" del primer romántico mexicano Ignacio Rodríguez Galván (1816-1842), y fue escrita cuando la emperatriz Carlota emprendió, en 1866, su viaje a Europa, sin retorno, a fin de pedir ayuda a Napoleón III y al papa Pío IX, cuando, como escribe Riva Palacio, "en lo hondo de su pecho presiente su derrota". Juan A. Mateos (1831-1913) colaboró con Vicente Riva Palacio en varias obras, entre ellas *El libro rojo*, así como en zarzuelas y comedias satíricas. Su versión de "Adiós, mamá Carlota" resulta menos satírica y menos burlesca que la de Riva Palacio, incluso podríamos decir que en ella no hay mofa sino compasión. El estribillo "adiós, mi tierno amor" alude sin duda a que la emperatriz Carlota, cuando llega con Maximiliano a México, tenía apenas 24 años. Chucho Hermosa, según se sabe, fue un poeta muy afecto a la corte de Maximiliano. *Novara* es el nombre de la fragata que trajo a Maximiliano y Carlota a México, la misma que tres años después regresó a México a recoger el cuerpo del emperador. • •

La chaqueta de Maximiliano

Estaba Maximiliano
sentado en una banqueta,
escupiéndose la mano
para hacerse una chaqueta.
En eso llegó Carlota
mirando con disimulo:
"¡No los tires en el suelo...
Échamelos en el culo!"

• Existen muchas versiones con diferentes variantes de estos versos po-
pulares sicalípticos que, con seguridad, son muy posteriores a la época
del Segundo Imperio Mexicano. Más bien se trata de una coplilla grose-
ra escrita en el siglo XX, que tiene todas las características de una burla
apócrifa en tiempo y en espacio. Pero su ingenio es innegable. La ver-
sión que publicamos la hemos tomado del blog *Palabras de viento*, de
César Abraham Navarrete Vázquez, que nos parece la mejor de cuantas
circulan en la red. •

¡Pobre patria!

¡Ay, pobre patria!, ¿hasta cuándo
han de ver los extranjeros,
a tus hijos siempre en cueros
y a los ingleses mamando?

• Este epigrama anónimo contra los ingleses que, en el siglo XIX, controlaban no únicamente en México sino en gran parte de América Latina los minerales y otras industrias extractivas, lo cita Vicente Riva Palacio (1832-1896) en su libro *Los Ceros* (1882), y a propósito de dichos versos refiere que los leyó en Querétaro, en un mesón, y junto a ellos estaba pintada "una América muy grande dándole el pecho a unos niñitos vestidos de marineros ingleses, y cerca de ella, llorando y desnudos, otros niños indios". •

Con manos libres
(Tiempos de Benito Juárez)

Me gusta Juárez,
me gusta Díaz,
Lerdo y Pesqueira en general;
pero un destino
de tesorero
con manos libres
me gusta más.

—*Tu voz aplaza, pancista atlético,*
por esa idea te han de expatriar.
—Me importa poco perder a México
si logro un año manipular.

Me gusta Díaz,
me gusta Juárez,
Pesqueira y Lerdo, soy liberal;
pero una aduana
que yo administre
con manos libres
me gusta más.

—*La voz modera, falso demócrata,*
si el pueblo te oye te ha de silbar.
—El pueblo, amigo, es un autómata
que poco vale, lo he de comprar.

Me gusta Lerdo,
me gusta Díaz,

Pesqueira y Juárez, todo es igual;
pero un empleo
de los primeros
con manos libres
me gusta más.

—*Calma tu voz, gandul frenético,*
si mucho gritas, vas a enfermar.
—Me importa poco volverme hético,
si hago mi gusto sin trabajar.

• Esta sátira jocoseria describe el ambiente político acomodaticio que prevalecía en México en los tiempos de la última reelección presidencial de Benito Juárez (1806-1872), quien gobernó a la nación mexicana en varias ocasiones, entre 1858 y 1872. Apareció en el diario *La Paz* de la ciudad de México en 1871, justamente el año de la última reelección de Juárez. En este periódico colaboraban, entre otros, Guillermo Prieto, Juan Sánchez Azcona y Alfredo Chavero. Está citada por Diego Abad de Santillán, seudónimo del anarquista español Sinesio Baudilio García Fernández (1897-1983) en su *Historia de la revolución mexicana* (1975), quien la contextualiza del siguiente modo: "En unos versos ingeniosos se pinta al político que trata de sacar provecho como quiera que sea, siempre que no sea del trabajo; podrían ser de Guillermo Prieto, aunque los firma un señor Garduña". En su última reelección, Juárez contendió contra los también candidatos Porfirio Díaz y Sebastián Lerdo de Tejada. Y ganó, de acuerdo con la comisión escrutadora, pero hasta Porfirio Díaz lo acusó de fraudulento dictador y enarboló la bandera de la no reelección. El grito era: "¡Viva Porfirio Díaz! ¡Muera la reelección!". La historia política casi siempre termina en una farsa. Ignacio Pesqueira (1820-1886) fue gobernador de Sonora en cuatro ocasiones, a lo largo de veinte años, y se le menciona en esta sátira, pero en realidad no contendió por la Presidencia de la República en las elecciones de 1871. •

¡Viva la sexta reelección!

Como en tiempos de cuaresma,
es decir, de la Pasión,
hasta los obreros cursis
matan la Constitución.
Una convención obrera
radical, o qué se yo,
ya postula a don Porfirio.
Sexta vez... ¡Vaya por Dios!

• Este epigrama satírico burlesco apareció en el periódico *El Hijo del Ahuizote*, publicación de sátira política, en marzo de 1903. El texto acompaña a una caricatura del dictador Porfirio Díaz (1830-1915), quien se mantuvo en el poder d la nación mexicana desde 1876, durante casi 35 años, en nueve periodos consecutivos, producto de reelecciones que él suponía perpetuas hasta que la Revolución mexicana de 1910 lo obligó a renunciar. El epigrama hace alusión a una supuesta Convención Radical Obrera que apoyaba la sexta reelección de Díaz. •

Contra *El Llorón de Icamole*

Aunque eres temible, ¡oh, Rey!,
hoy a fustigarte ocurro.
¡Si tú eres la fiebre en burro,
yo seré la peste en buey!
Tengo por arma la Ley,
y aunque en el presidio me hallo,
desde galeras estallo
y desde galeras grito,
que aunque soy pollo chiquito
tengo más plumas que un gallo.

Aguarda que con las leyes
tu mal gobierno yo esculque.
¡Ahora sí se vendió el pulque,
ya llegaron los magueyes!
Para mí los falsos reyes
no gozan de impunidad;
yo te hablaré con lealtad
aunque pongas cara adusta
y aunque sé que no te gusta
que te digan la verdad.

Yo nunca corto me quedo
y a cada quien doy su tanto.
¡Ya estoy curado de espanto
y a nadie le tengo miedo!
Tú no te mamas el dedo
para meter las espuelas,
y aunque gimoteando anhelas

pasar por buen corazón,
no le hace que seas llorón
si llorando nos amuelas.

¡Te aferras a la Poltrona
y luego andas gimoteando...!
¡No puede llover helando,
valedor de la Matona!
Mientras ciñas la Corona
y te reelijas de un hilo,
te dirán por este estilo
los que te miran llorar:
¡No nos quieras engañar
con llanto de cocodrilo!

Pero creo que no te importa
lo que el pueblo de ti piensa,
y aunque protesta la prensa
no le aflojas a la torta.
Aunque el pueblo al bien te exhorta
tú te haces indiferente.
¡Con razón dice la gente
que tú ya no escuchas nada,
porque el que es bota curada
no le hace ni el aguardiente!

Y la verdad, viejecito,
es que *diatiro* la atrasas,
y de encajoso te pasas
con este pueblo bendito.
No tienes otro prurito
que el de llenar tu ambición,

y ya de otra reelección
preparas el golpe rudo...
¡Es bueno ser mofletudo
pero no tan cachetón!

¿Te quieres hacer pasar
por un hombre extraordinario?
¡Ya estará, Don Necesario...!
¡Ya estará, Don Popular...!
Si es que te quieres pagar
tus muertas glorias de un día,
ya cobras con demasía
y con sordidez de mocho.
¡Diste apenas un bizcocho
por una panadería!

Con esto por hoy me callo
esperando tus acciones.
¡Basta ya de reelecciones!
¡Con veinte mil de a caballo!
Y si quieres ya ¡mal rayo!
que no te pisen la cola,
deja que ruede la bola.
¡No te elijas, por piedad!,
que una cosa es la amistad
y otra cosa es no la... no la...

JUAN SARABIA

• Juan Sarabia Díaz de León (San Luis Potosí, 1882-1920) fue escritor,
periodista y político que llevó a cabo un gran activismo contra la dicta-
dura de Porfirio Díaz (1830-1915), que se prolongó por casi 35 años,

y a favor del movimiento antirreeleccionista de Francisco I. Madero (1873-1913). Fue director de *El Hijo del Ahuizote*, periódico satírico que combatió los excesos del poder. Colaboró también en el periódico *Regeneración*, junto a Ricardo y Enrique Flores Magón. Estuvo preso varias veces lo mismo en su tierra natal que en otras entidades del país, y de 1907 a 1911 fue confinado a las terribles mazmorras de la prisión de San Juan de Ulúa, en Veracruz, por órdenes de Díaz. En 1913 también fue encarcelado por Victoriano Huerta. Al momento de su muerte era senador por San Luis Potosí. Estas magistrales y devastadoras décimas contra Porfirio Díaz fueron escritas mientras Sarabia se hallaba prisionero, en uno de sus tantos encarcelamientos, y publicadas en *El Hijo del Ahuizote*. Las cita el historiador zacatecano Eugenio Martínez Núñez (1893-1932) en su libro póstumo *Juan Sarabia, apóstol y mártir de la Revolución mexicana* (1965). Explica Martínez Núñez que Sarabia, "desde las columnas despiadadas de *El Hijo del Ahuizote* popularizó los nombres de Porfirio Díaz, Bernardo Reyes, José Ives Limantour, de los gobernadores, ministros y demás altos funcionarios de la administración con los apodos más irreverentes. Al general Díaz le llamaba *Sacarreal, Rey Porfiado, Don Perpetuo, San Porfirio, Don Necesario, Don Popular, El Llorón de Icamole* y *Hombre de la Matona*; a Bernardo Reyes *Canana, Barbas de Bronce, Don Impulsivo* y *Pistola Sable*; al ministro de Hacienda *Lima y Lima*, etcétera, quebrantando con ello la grave majestad que para todos sus actos revestía ante las masas populares aquella temible dictadura". En cuanto a estas décimas, Martínez Núñez comenta lo siguiente, para contextualizarlas: "Se trata de una carta satírica en verso dedicada nada menos que al temible caudillo tuxtepecano, donde le da su *sacudida* tanto porque a pesar de su debilidad por derramar lágrimas con frecuencia en ceremonias públicas, seguía tiranizando al pueblo, como porque sin tomar en cuenta las protestas de la prensa y sin contar con el apoyo popular, *no le aflojaba a la torta* al tratar de perpetuarse en el poder por medio de una nueva reelección". Icamole es el nombre de una población de Nuevo León. Según lo consigna la Wikipedia, "el 20 de mayo de 1876 se enfrentaron en Icamole el ejército liderado por Porfirio Díaz sublevado en la Revolución de Tuxtepec y las fuerzas gubernamentales encabezadas por Mariano Escobedo; los sublevados se vieron obligados a retirarse en medio de enormes pérdidas; ante el desastre, Porfirio Díaz rompió públicamente en llanto, dándosele desde entonces el apodo del *El Llorón de Icamole*". En la jerga política mexicana, la "torta" equivale hoy al "hueso". Una "bota curada" es el recipiente de cuero donde se lleva el vino u otra bebida alcohólica. •

Atento ocurso al ciudadano Gobernador

Dioscórides Montelongo,
vecino de esta ciudad,
casado, mayor de edad,
y bruja, ante usted expongo:

Que aunque usted lo tuvo a mal
tan luego como lo supo,
hace tiempo que me ocupo
de política local.

En tal concepto, he estudiado
su muy honrado Gobierno,
y, con perdón del Infierno,
casi infernal lo he encontrado.

Todo aquí se encierra en dos
burladores de la Ley:
En usted, que es el Virrey,
y en Montes de Oca, que es Dios.

No existe aquí nada bueno,
y cualquier observador
sólo hallará en derredor
lodo, podredumbre y cieno.

Bajo su administración
a ser San Luis ha llegado
el Estado en peor estado
que hay en toda la Nación.

¶ Aquí la noble enseñanza
no pasa de ser ficticia,
y de que haya aquí Justicia
no se tiene ni esperanza.

Aun cuando el pueblo no entienda,
como dicen sus Doctores,
ve los múltiples errores
que usted comete en Hacienda.

Respecto a la libertad,
es tanta la que gozamos,
que hasta parece que estamos
en la Medioeval Edad.

Por imitar al Caudillo,
y hasta echárselas de lado,
aquí usted se ha transformado
en Señor de horca y cuchillo.

Y con esta pretensión
de compararse al Gran Díaz,
viola usted las garantías
que da la Constitución.

Por temor a algún mitote
nadie aquí puede escribir.
¡Ay!, sabe que el porvenir
del periodista es el *bote*.

¿Reuniones? La policía
viola tan sagrado fuero:

¡El veinticuatro de enero
está fresco todavía!

Teme aquí por mil razones
el honrado ciudadano,
asaltos, golpes de mano,
garrotazos y prisiones.

De autocracia refinada
tiene usted terribles hechos.
Aquí no hay ley ni derechos
ni Constitución... ¡ni nada!

Y a medida que la gracia
de usted el pueblo ha perdido,
completa la han conseguido
el clero y la aristocracia.

Como esto no es nada bueno,
sino que es injusto y malo,
el pueblo, que no es de palo
y que de usted está lleno,

quiere que esta situación
no siga de un modo eterno,
y si usted deja el Gobierno,
¡se encontró la solución!

Yo también encuentro en esto,
y todos lo han de encontrar,
el modo de terminar
con tanto mal. Por lo expuesto

¶ A USTED DON BLAS ESCONTRÍA,
Gobernador del Estado
y General Reservado
de Reyes y Compañía,

en situación tan atroz,
pido que, con fundamento
en el primer Mandamiento
de la Santa Ley de Dios,

abandonando el martirio
que hoy en el Gobierno pasa,
se vaya usted a su casa
a rezarle a San Porfirio.

El pueblo, si usted esto hace,
inmenso favor recibe;
y además, el que esto escribe
le jura dejarlo *in pace*.

Ceda usted. De lo contrario,
dé su reposo al olvido.
Es justicia lo que pido.
Protesto lo necesario.

JUAN SARABIA

• Esta sátira de Juan Sarabia (1882-1920), escrita en perfectas cuartetas,
más la de las siguientes páginas, hecha en estupendas décimas, las diri-
ge el autor al gobernador porfiriano de San Luis Potosí, Blas Escontría
Ruiz de Bustamante (1847-1906), quien gobernó o desgobernó el es-
tado natal de Sarabia de 1898 a 1905. Conocido como Blas *El Mocho* o

Blas *El Beato*, Escontría se ufanaba de ser cristiano y devoto, muy católico, pero ejercía un poder despiadado, despótico e inmoral y tenía en la cárcel a muchos de sus críticos, opositores o simplemente personas con las que no simpatizaba. De tal forma, era no únicamente un hipócrita sino también un odioso tirano que imitaba, en su parcela, a Porfirio Díaz. Eugenio Martínez Núñez (1893-1932) en su libro *Juan Sarabia, apóstol y mártir de la Revolución mexicana* (1965) cita íntegramente estas sátiras de Sarabia y consigna que fueron publicadas en *El Hijo del Ahuizote*. Explica, además: "Uno de los funcionarios que más tuvieron que soportar sus sátiras sangrientas fue el gobernador de San Luis, a quien jamás dejó de fustigar, entre otras cosas, por los atropellos de que hacía víctimas a los periodistas independientes en su tierra natal". En este ocurso (petición por escrito) solicita, con eficaz sátira e inmejorable descripción del dictadorzuelo, su inmediata renuncia. El término "bruja" significa, en el español coloquial de México, estar sin dinero, ser pobre. José María Ignacio Montes de Oca y Obregón (1840-1921) fue obispo de la diócesis de San Luis Potosí en donde se entendió de maravilla con Blas Escontría. Tenía el don de acomodarse a todo, pues también fue capellán de honor de Maximiliano, académico de la lengua y poeta que firmó sus textos con el sobrenombre de *Ipandro Acaico*. •

Contra Blas *El Mocho*

Segunda carta del mes
dirigida a Blas *El Mocho*,
México, enero dieciocho
de mil novecientos tres.
Mi querido Pedro Arbués...,
digo, mi buen Escontría,
gobernador todavía
de la entidad potosina
por la protección divina
de Jesús y de María.

Espero, querido Blas,
que al recibir la presente
te encuentres perfectamente
de salud y lo demás.
Deseo que la dulce paz
de tu angelical conciencia
no haya sufrido violencia
con mi epístola pasada
y que no haya sido alterada
la calma de tu conciencia.

Pero pasando a otro punto
te diré que no la amueles,
¿por qué de Millán y Vélez
no terminas el asunto?
Una reflexión te apunto
de gran peso y de valor:
¿Cuando a tu buen confesor

tus pecados le confiesas,
por confesarle no empiezas
contra Millán tu furor?

¿Y el hijo del Padre Eterno
no te ha llegado a decir
que por tal odio te has de ir
de patitas al Infierno?
¿No le temes al Averno
o siquiera al Purgatorio?
¿Te haces el cargo ilusorio
de que después de este sueño
te irás derechito al cielo
cual se fue Don Juan Tenorio?

No te ilusiones, Blasillo,
y piensa que Dios es justo.
¡No te vaya a dar un susto
y te aplique a ti el tornillo!
Mira que Dios no es tan pillo
como tú te lo figuras.
Él no manda dar torturas
ni implantar inquisiciones,
ni juzgar a bofetones
a las humanas criaturas.

Y eso es lo que estás haciendo
sin que te importe un comino
tanto precepto divino
como te estoy transcribiendo.
A Dios estás ofendiendo
tú, Blas *El Beato* llamado,

cristiano falsificado,
católico inquisidor,
furioso conservador
y clerical declarado.

Ya que a tu cruel corazón
que de mármol parece hecho
no han conmovido el Derecho
ni la Santa Religión,
dime, ¿cuál es la intención
que tienes para tus presos?
¿Les quieres romper los huesos,
meterlos en una fragua,
aplicarles el *del agua*
o algunos otros excesos?

Pero si tu odio no enfrenas,
si no eres bueno ni un rato,
te juro, Blasillo *El Beato*,
te juro que te condenas.
Para que aumenten tus penas
y tengas tu alma en un hilo,
sabe que Arriaga Camilo
se encuentra ya en libertad,
y yo estoy sin novedad
siempre con el mismo filo.

JUAN SARABIA

• Refiere Eugenio Martínez Núñez (1893-1932) en su libro *Juan Sarabia, apóstol y mártir de la Revolución mexicana* (1965) que "después de haberle escrito al gobernador Escontría una de sus famosas cartas semanarias en que le decía 'Oye tú, Blas Escontría, / que estás haciendo a San Luis / el pueblo más infeliz / de toda la Monarquía', le dirigió esta otra intercediendo por la libertad de José Millán y Vélez Arriaga, que aún se encontraban sufriendo sus rigores en la Penitenciaría del Estado". Blas Escontría Ruiz de Bustamante (1847-1906) podría estar en el más perfecto olvido de no ser porque la sátira poética de Juan Sarabia lo mantiene vivo en toda su ruindad, para conocimiento de las nuevas generaciones. Pedro Arbués (1441-1485) fue un presbítero agustino español y uno de los primeros agentes de la Inquisición. Sarabia lo menciona, como por equivocación, para implicar que Escontría es un inquisidor. Camilo Arriaga (cuyo nombre y apellido Sarabia invierte para los efectos de la rima consonante) fue un ingeniero potosino que participó también en la lucha contra la dictadura de Díaz y los gobiernos locales afines a la dictadura y la reelección; estuvo preso en San Luis Potosí y en la cárcel de Belén de la ciudad de México. Cuando Sarabia escribe estas décimas, Arriaga había recuperado su libertad. "Aplicarles el *del agua*", dice en uno de los versos Sarabia: se refiere sin duda (entre los excesos que menciona) a un tipo de tormento o tortura contra los prisioneros. •

Contra Porfirio Díaz

Para el negocio
yo tuve un socio,
mas por desgracia
se ipiranagueó.

• Esta coplilla burlesca era parte de una zarzuela en la que dos finan-
cieros, beneficiados por el gobierno dictatorial del general Porfirio Díaz
(1830-1915) que se prolongó de 1876 a 1911, eran caricaturizados
cantando a dúo ("el dúo de los patos", precisa Alfonso Reyes en las pá-
ginas de su libro *Las burlas veras*). Fueron muchos los banqueros, hom-
bres de negocio y dinastías acomodadas a quienes Díaz benefició desde
el poder y para quienes era precisamente una especie de "socio". Con el
triunfo de la Revolución mexicana, el dictador se vio obligado a renun-
ciar al poder, y el 31 de mayo de 1911, en el buque alemán *Ypiranga* que
partió del puerto de Veracruz, abandonó el país con rumbo a Europa.
De ahí nació el verbo mexicano "ipiranguear": huir, salir corriendo, irse
al carajo (aunque con los bolsillos repletos, por supuesto). •

¡Hosanna a los pillos!

Feliz el que tiene
por canon político
pasar la existencia
que ruede al abismo
viviendo del fisco.

¡La patria!... ¿qué importa
y cargue el demonio
con todos sus hijos?...
Dichoso el que antaño
quemaba rendido
migajas de mirra
al viejo Benito;
a Lerdo más tarde
y hoy dice a Porfirio
que es de sus adeptos
el más decidido,
y grita entusiasta
que es don Vicentico
general insigne
muy generalísimo.

Al ver a este y otros
famélicos bichos,
que siempre a la nómina
están adheridos,
gobierne ya Pedro
o Juan o Remigio,
sonando las manos

entonces les digo:
¡Salud, miserables!
¡Hosanna a los pillos!

ANTONIO PLAZA

• "¡Hosanna a los pillos!" es un poema satírico de Antonio Plaza (1833-1882) que consta de tres partes. La primera hace burla de los zalameros y aduladores que escalan posiciones sociales gracias a su indignidad; la segunda trata de los usureros que hacen del robo un oficio "del veinte por ciento", es decir de los aprendices de banqueros que "medran tranquilos" con la aprobación del poder, y la tercera (que es la que reproducimos en esta página) versa sobre los políticos oportunistas que cambian de bando y de partido según les convenga y que, con ello, hacen carrera pública y viven adheridos siempre a la nómina, es decir, al erario. En esta tercera parte de su sátira, Plaza retrata a quienes, sin sonrojo alguno, primero son juaristas, luego lerdistas y más tarde porfiristas; y la conclusión es que sea quien fuere el que está en el poder, ellos se adaptan y cambian el color de la chaqueta, según soplen los vientos, para no perder sus prebendas. •

Carrera militar

Oiga, señor De la Torre,
¿por qué a un militar cualquiera
le dicen que está en carrera?
—¿Por qué ha de ser?... Porque corre.

Antonio Plaza

• Epigrama de Antonio Plaza (1833-1882) que no requiere de mayor explicación: los militares andaban siempre a salto de mata, cuidándose de los enemigos y corriendo a prestar votos de fidelidad ante quien consideraban que tenía futuro político. •

Epigramas

Me he pronunciado diez veces
contra el poder nacional,
y apenas soy general.

*

¡Este drama sí está bueno!
Hay en él monjas, soldados,
locos, ánimas, ahorcados,
bebedores de veneno
y unos cuantos degollados.

*

Todo lo sabe don Luis.
¡Como que estuvo en París!

*

Grande estadista es Ginés.
¡Estuvo en Londres un mes!

MANUEL CARPIO

• Manuel Carpio (Cosamaloapan, Veracruz, 1791-ciudad de México, 1860), poeta romántico, perteneció a la Academia de Letrán. Sus epigramas se distinguen por su mordacidad, y en el caso del primero de esta página evidencia la costumbre que tenían los generales en la asonada, el pronunciamiento y el oportunismo. •

Los independientes

La palabra *independientes*,
timbre de la oposición,
lema de los combatientes
que gritan ¡no reelección!,
sus sílabas al perder
deja sin vueltas sutiles
palabras que pueden ser
de la oposición perfiles.

Quedan los *independientes*
con una sílaba menos
de los criterios ajenos
que les pagan *dependientes*.

Pendientes quedan después
del público en general
y tienen por bien o mal
que contentar al burgués.

Porque los *independientes*
con las obras de sus manos
como todos los humanos
les dan quehacer a sus *dientes*.

Y tras de haber trabajado
con mandíbulas y *dientes*,
en último resultado
vienen a parar en *entes*.

• Esta ingeniosa letrilla satírica contra los liberales (denominados "independientes") es obra de un anónimo conservador que simpatizaba con la reelección porfiriana y que defendía el régimen dictatorial de Porfirio Díaz a fines del siglo XIX. Apareció en la revista *México Gráfico* en 1892. La cita Carlos Monsiváis en su ensayo "De los políticos", que hace las veces de prólogo de la edición facsimilar del *Diccionario de los políticos para divertimiento de los que ya lo han sido y enseñanza de los que aún quieren serlo* (1855), del español Juan Rico Amat (1821-1870), publicada en México en 1990. •

Diputado del siglo XIX

Cuello enorme, *sorbete* remontado
y caído con garbo hacia la oreja,
levita nueva que antes era vieja
y pantalón por su mujer cortado,
en un *simón* de sitio remolcado,
y acompañado de su fiel pareja,
desembarcó en la calle de Verdeja
Don Inocente Porras, diputado.

• Joaquín Herrera, colaborador del diario liberal mexicano *El Siglo Diez y Nueve*, cita estos versos en abril de 1890 y los acompaña del siguiente comentario: "En el salón están los inviolables padres de la patria, algunos de pie, los más arrellanados gravemente en sus curules; pero todos tienen cerca de sí el legendario y simbólico *sorbete nuevo*. El sombrero alto (*sorbete*) es al diputado lo que la corcova al jorobado, lo que al tuerto la falta de un ojo; es decir, que lo constituye, le da fisonomía propia, lo personaliza. Un padre conscripto sin sombrero alto, no se comprende. Cuando un diputado de provincia arriba por alguna de las garitas a la gran capital, el primer paso que da, antes de sacudirse el polvo del camino; lo que primero hace, aun antes de ir a recibir la consigna y a postrarse de hinojos en señal de gratitud y adoración ante el gran hacedor de diputados [Porfirio Díaz] es ir al portal de Mercaderes y comprar, en El Sombrero Colorado, un *sorbete nuevo*. Cuando ha llenado este requisito legal se siente tranquilo y, aunque su credencial tenga algunos puntos vulnerables, ya no teme, porque con su sorbete nuevo será, pese a quien pese, diputado". El término "simón" se refiere a un coche de sitio. •

Un diputado de provincia

Ancho como un tonel, muy colorado,
maneras toscas, y el andar muy lento,
casaquín rabilargo y polvoriento,
por costumbre el sombrero espeluznado.

Se sienta en la curul cuasi atrojado;
hecho un patán, blasona de talento,
y sin nada entender, aquel jumento,
a cada discusión dice: aprobado.

Su distrito reniega del cazurro
que aprueba y desaprueba simplemente,
porque aquel animal, porque aquel burro,

si diputado no es, tampoco es gente.
Tipos como el actual veo en exceso
ocupar los asientos del Congreso.

• Este extraordinario soneto del siglo XIX lo recoge Gabriel Zaid en su *Ómnibus de poesía mexicana* (1971), y coincide con la imagen que ofrece el epigrama de la página anterior. Aunque quizá valga decir que, en muchos aspectos, la tipología diputadil del siglo XIX no parece muy lejana a la del siglo XX y lo que llevamos del siglo XXI en México. •

El magistrado

–¡Callen!, dijo un magistrado
al escuchar un gran ruido
en la sala del juzgado.
¡Por Dios que estoy arruinado!
¡Diez pleitos he sentenciado
sin haberlos entendido!

• Desde los tiempos de la Colonia, en México la fama de los magistrados
no era muchísimo mejor que la de los diputados. Este epigrama mordaz
revela algo de ello. Lo cita Artemio de Valle-Arizpe (1884-1961) en su
novela *El Canillitas* (1942) que recrea la vida picaresca novohispana. •

Contra Victoriano Huerta

Quiso alcanzar la victoria
el traidor de Victoriano,
¡como si Victoria y ano
fuesen igual en la historia!

• Epigrama anónimo muy popular. La mofa que se hace con el doble
sentido del nombre del usurpador Victoriano Huerta (1845-1916) con-
vierte esta cuarteta en algo inolvidable. •

Se fue don Victoriano

Se fue don Victoriano
para la vieja Europa,
como mamá Carlota
buscando a Napoleón.

[...]

Allá en la vieja Europa,
asilo de mendigos,
se ocultan los bandidos
no sé por qué razón.

[...]

Adiós, don Victoriano,
funesto presidente,
que al fin impunemente
te fuiste muy en paz.

Que siempre los tiranos,
por influencia o suerte,
se burlan de la muerte
y el código penal.

Te fuiste a tierra extraña,
lejos del Reino Azteca,
llevando tu maleta,
con mucha precaución.

¶ Tus planes de campaña
y esa grande estrategia,
con que vencida dejas
a la Revolución.

Saluda a Félix Díaz
y a Mondragón de paso,
y dales un abrazo
en prueba de amistad.

Por su obra tan impía
que lo llevó al fracaso,
funesto Cuartelazo
para la humanidad.

Los pueblos mexicanos
con alegría sincera,
saludan por doquiera
tu urgente ocultación.

Funesto marihuano,
aborto de la tierra,
Dios quiso que no vuelvas
a pisar mi Nación.

MARCIANO SILVA

• Marciano Silva (1849-1944), "Marcianito", participó en la Revolución mexicana en el Ejército Liberador del Sur. También fue cantante y compositor, y a él se deben muchos corridos zapatistas. Este amplio fragmento de su corrido sobre el exilio de Victoriano Huerta muestra al dictador en su imagen más fiel: drogadicto, alcohólico y traidor. Huerta murió en El Paso, Texas, víctima de cirrosis hepática. •

¡Pobre Huerta!

¡Pobre Huerta! El agua surca
y aunque la mar es tranquila
le hace efecto de una turca,
de una turca de tequila.

Un calor como de fragua
le sofoca diariamente
y se pone a tomar agua,
pero aquélla es aguardiente.

Sólo puede en la mañana
darse un pobre gusto que es
el fumar su marihuana
y ponerse a dar las tres.

• Fragmento de un corrido anónimo que trata también el tema de la huida de Huerta y que destaca los dos vicios mayores del dictador, además del poder y la traición: el abuso del alcohol (especialmente coñac) y el consumo de marihuana. Se publicó en el periódico *Los Sucesos*, el 5 de septiembre de 1914, según lo consigna y cita Ricardo Pérez Montfort en su libro *Yerba, goma y polvo. Drogas, ambientes y policías en México, 1900-1940* (México, 1999). •

El asesinato de Venustiano Carranza

Si vas a Tlaxcalantongo
tienes que ponerte chango,
porque allá a Barbastenango
le sacaron el mondongo.

LIBORIO CRESPO

• Liborio Crespo fue un poeta yucateco avecindado en León, Guanajua-
to, amigo de Rafael López. A él se atribuye este epigrama burlón sobre
el asesinato de Venustiano Carranza ("Barbastenango"). Carranza murió
en Tlaxcalantongo (sierra norte de Puebla), en mayo de 1920, a manos
de una gavilla de pistoleros del general traidor Rodolfo Herrero, que lo
acorralaron (a él y a su estado mayor) dentro de una choza, al grito de:
"¡Sal, viejo barbas de chivo; ora sí vamos a cogerte por las barbas!", se-
gún relata Martín Luis Guzmán. Y se sabe que los asesinos, literalmen-
te, "le sacaron el mondongo" a causa de los disparos que recibió en el
vientre, pues murió desangrado. •

La Generala y la guerra cristera

La Generala decía,
para evitar más contiendas,
que a todo el que se indultara
una hija le daría.

"Ni que fuera gata inglesa",
le contesta el vale Othón.
"¿De dónde agarra tanta hija
para todo un batallón?"

• La guerra cristera en México fue un episodio armado de 1925 a 1932, producto del anticlericalismo de Plutarco Elías Calles, el llamado Jefe Máximo de la Revolución, quien fue presidente de México de 1924 a 1928 pero que aun después de su tiempo como gobernante continuó controlando la política del país hasta que en abril de 1936 Lázaro Cárdenas (presidente de 1934 a 1940) lo expulsó de México. "La Generala", de la que hablan estas dos coplas anónimas (que son parte de un corrido), se llamaba Amalia Díaz y era muy conocida en una amplia zona "cristera" de Michoacán. Recibió el encargo de negociar el indulto de los "cristeros" (es decir, de quienes se habían levantado en armas contra el poder federal), según refiere el historiador Luis González (San José de Gracia, Michoacán, 1925-2003) en su libro *Pueblo en vilo* (1968). Al citar estas coplas, el historiador añade que "La Generala", con sus oficios, "logró la rendición de sus parientes, pero de ninguno más". •

El balazo a don Pascual Ortiz Rubio

Logre la bala homicida,
no por perdida ganada
ni por ganada perdida,
debilitar la quijada
para atenuar la mordida.

SALVADOR NOVO

• Salvador Novo (ciudad de México, 1904-1974) es, sin duda, el mayor epigramista mexicano. Su mordacidad, su vena paródica y su capacidad para el escarnio no tienen igual en la poesía de México. Para sus satirizados y sus posibles blancos de mofa era realmente temible. Así como es un poeta sutil y evocador en sus libros *Espejo* y *Nuevo amor*, alcanza un gran dominio de la procacidad lírica en la tradición de la poesía española satírica de un Góngora y un Quevedo. Sus colecciones de sonetos, décimas, epigramas, redondillas y poemas satíricos en general son realmente memorables. Practicó el "epigrama del día" en algunos periódicos y durante mucho tiempo escribió un soneto para despedir cada año, algunos de ellos impúdicos o procaces. Al realizar su *Antología personal* poética (1915-1974), incluyó algunos epigramas inéditos que, sin embargo, eran del conocimiento de sus íntimos. Entre ellos está el que dedicó al atentado contra el presidente Pascual Ortiz Rubio, el 5 de febrero de 1930, el mismo día que tomó posesión, y que le dañó severamente el maxilar inferior. Novo hace escarnio de ese atentado y aprovecha la ocasión para desear que ello sea en beneficio de "atenuar la mordida", es decir de reducir la corrupción, ya que el término "mordida", en este caso, tiene doble sentido. A Emmanuel Carballo le dijo, en una entrevista de 1958 (*Protagonistas de la literatura mexicana*): "Compuse un epigrama sobre el balacito que le dieron, y el epigrama llegó a oídos de don Pascual. De nuevo, como en tiempos de Obregón, mi ánimo aceptó de antemano un cese que, por fortuna, no se hizo efectivo". Efectivamente, años antes, Novo había hecho enfurecer al presidente Álvaro Obregón cuando, en una fiesta, imitó con sorna a Bernardo Gastélum, amigo íntimo del general. Le refirió a Carballo: "Obregón se puso furioso. Me iba a correr de la burocracia. El día que lo mataron, yo respiré". Salvador Novo: genio y figura. •

Retrato de José Vasconcelos

Yo soy un inmortal... de "breve historia";
un Ulises... sin flechas ni venablo;
un cohete... de Sábado de Gloria;
un San Antonio... que la da de diablo.

Yo sé más que Platón y que San Pablo;
Sócrates a mi lado es pura escoria;
y si en el mitin o en las aulas hablo,
me sabe Cicerón a pepitoria.

Soy librepensador... pero algo mocho;
no soy jarocho... pero soy muy macho;
un gran patriota, mucho... pero pocho;

como pinole... pero no me empacho;
y aunque es cierto que estoy ya un poco chocho,
aún me la echo de ser... un supermacho.

• José Vasconcelos (Oaxaca, 1882-ciudad de México, 1959) fue, además de notable escritor y extraordinario educador, pensador y funcionario público, candidato a la Presidencia de México en 1929, cuando compitió contra Pascual Ortiz Rubio, el candidato del cacique Plutarco Elías Calles durante lo que se conoce como "el Maximato", pues "el Jefe Máximo" de la Revolución mexicana (Calles) controlaba todo en el país. Vasconcelos perdió las elecciones ampliamente, aunque denunció lo que según él fue un fraude electoral. Su personalidad y sus ideas realmente contradictorias, de altibajos apasionados, de incongruencias en sus filias y antagonismos, explican este retrato satírico anónimo publicado en el diario *Excélsior* en 1938 y que se conserva en los archivos del epistolario de Alfonso Reyes. Alicia Reyes, escritora y directora de la Capilla Alfonsina, lo cita en su ensayo "¿Por qué los epistolarios de Alfonso Reyes?", incluido en el libro *Voces para un retrato: ensayos sobre Alfonso Reyes* (1990), compilado por Víctor Díaz Arciniega. •

En pares

Oaxaca dio dos caudillos,
Coahuila, dos caudillejos;
Sonora nos dio dos pillos
y Michoacán dos pendejos.

• Este epigrama-adivinanza, de autor anónimo, circuló en tiempos de la
presidencia de Lázaro Cárdenas (1934-1940), cuando una buena par-
te de los mexicanos tenía gran descontento con los michoacanos en el
poder (Pascual Ortiz Rubio, quien gobernó de 1930 a 1932, y el pro-
pio Cárdenas). Es citado por Jorge Mejía Prieto en su libro *Anecdotario
mexicano* (México, 1982). Los caudillos son, obviamente, Porfirio Díaz
y Benito Juárez; los caudillejos, Madero y Carranza, y el par de pillos,
Álvaro Obregón y Plutarco Elías Calles. Con los acontecimientos de la
historia reciente de México, quizá habría que modificar el último verso
o, al menos, la respuesta del acertijo. •

El presidente austero

Adiós, presidente austero;
te vas para no volver.
Tú fuiste poco ratero,
¿pero qué tal tu mujer?

• Adolfo López Mateos (1910-1969) fue presidente de México de 1958 a 1964. Se dice que llegó a la presidencia por escalafón, es decir, "porque ya le tocaba". Sus banderas fueron la honradez y la austeridad, pero con él alcanzó su auge la moda del presidente viajero, a grado tal que fue rebautizado, popularmente, como Adolfo López Paseos. Lo que se llama austeridad, no había, y en cuanto a la honradez, la percepción de la gente no era tan favorable. El epigrama de esta página lo atribuye Renato Leduc a Epigmenio Guzmán, político veracruzano, en el libro *Renato por Leduc: apuntes de una vida singular* (1982), de José Ramón Garmabella, y da la siguiente explicación: "para las cuestiones monetarias la esposa del presidente austero era una verdadera cosa de la chingada". •

Contra Gustavo Díaz Ordaz

¡No queremos olimpiada,
queremos revolución!

¡Libros, sí; bayonetas, no!

¡Sal al balcón, hocicón,
sal al balcón, hocicón,
sal al balcón, hocicón,
sal al balcón, bocón!

¡Libros, sí; granaderos, no!

¡Ho Chi Minh, Ho Chi Minh,
Díaz Ordaz chin chin chin!

• En la historia de México es probable que no haya un presidente del país más repudiado (después de Victoriano Huerta) que Gustavo Díaz Ordaz, quien gobernó la nación mexicana de 1964 a 1970 y a quien se debe la represión sangrienta contra los estudiantes el 2 de octubre de 1968, conocida como la matanza estudiantil del 68, en días previos a la inauguración de los Juegos Olímpicos. Su fealdad física y su autoritarismo le granjearon los motes de "El Hocicón", "El Bocón", "El Trompudo", "El Avión" (el labión), etcétera, y estos defectos físicos y morales fueron caricaturizados en las consignas que los estudiantes corearon en sus manifestaciones masivas. Las consignas que reproducimos en esta página están tomadas de *La noche de Tlatelolco: testimonios de historia oral* (1971), de Elena Poniatowska. •

Políticos, banqueros y comerciantes

Los Señores Licenciados
Luis Echeverría
y José López Portillo
no son mis hijos.
Atentamente: La chingada.

*

Señores banqueros, ya nos chingaron.
Ahora chinguen a su madre.
Señores comerciantes, que Dios los perdone,
porque nosotros, ni madres.

*

¡A la chingada el PAN!
Aquí comemos tortillas.

*

Si los políticos te dan la espalda,
¡pícales el culo!

ALFONSO JIMÉNEZ ACOSTA

• Estos grafitis o letreros son presumiblemente de la autoría o de la sin-
gular vocación antológica o recopiladora de Alfonso Jiménez Acosta, alias
Totó, veracruzano nacido en Misantla, quien se autodefine "misanteco,
ganadero, enemigo del libre comercio y los tecnócratas" y que, desde los

años ochenta, pone en las bardas, a la entrada de su rancho El Fénix (ubicado en el kilómetro 4 de la carretera Misantla-Xalapa) epigramas, leyendas, calaveras y demás ocurrencias satíricas en verso (propias y ajenas) para mostrar su desacuerdo con los diversos gobiernos mexicanos de la federación, que hasta ahora sólo han sido del PRI (Partido Revolucionario Institucional) o del PAN (Partido Acción Nacional). •

Política

Política es un arte del carajo
que a mi modo de ver tan sólo estriba
en ofrecer las nalgas al de arriba
y darles por el culo a los de abajo.

VARIANTE 1

Política es un arte del carajo
que a mi modo de ver tan sólo estriba
en besarles el culo a los arriba
y darles por el culo a los de abajo.

VARIANTE 2

Política es un arte del carajo
que a mi modo de ver tan sólo estriba
en ofrecer el culo a los de arriba
y picarles el culo a los de abajo.

• Este epigrama procaz, que define el ejercicio inmoral de la política, se atribuye a múltiples autores (entre ellos ¡a Miguel Ramos Arizpe!, 1775-1843). Otros más se apropian de la gloria de la autoría, pero lo cierto es que no hay nada documentado al respecto que pueda certificar quién es su autor, y ni siquiera es seguro que corresponda al siglo XIX. Mucho más probable es que sea de principios del siglo XX y, con todas sus muchas variantes, pertenece al dominio público o, lo que es lo mismo, al muy productivo autor anónimo. •

¡Ya cállate, chachalaca!
(Contra Vicente Fox)

Otra vez el Fox habló
y causó gran alharaca.
"¡Ya cállate, chachalaca!",
todo el país exclamó.
Hasta el diablo se enojó
de oír tanta babosada.
Su estatua fue derrumbada;
con estrépito cayó,
¡pero ni así se calló
el hijo de la chingada!

• Esta décima y la siguiente, así como la calavera final de esta sección aparecieron, entre 2007 y 2008, en la segunda época de la revista catorcenal de caricatura, sátira política y humor *El Chamuco y los Hijos del Averno*, fundada en 1996 por iniciativa de Rius (Eduardo del Río) y comandada por El Fisgón, Helguera, Hernández y Patricio, y en la que colaboran diversos moneros o caricaturistas y, muy frecuentemente, Pedro Miguel, autor de versos, coplas, décimas y calaveras de excelente factura. Estas décimas contra Fox y Calderón, más la calavera calderoniana, es muy probable que se deban a la inspiración de Pedro Miguel y El Fisgón (Rafael Barajas), los más notables versificadores de *El Chamuco*. En relación con la décima contra Vicente Fox (presidente de México de 2000 a 2006), cabe decir que el 13 de octubre de 2007 un grupo de manifestantes derribó la estatua de Fox que un adulador presidente municipal del PAN mandó erigir en Boca del Río, Veracruz. La frase "¡Ya cállate, chachalaca!" es de Andrés Manuel López Obrador, quien se la mandó como un mensaje al presidente Fox, durante un mitin en Tehuantepec, Oaxaca, el 16 de marzo de 2006. Acerca de la décima contra Felipe Calderón, sucesor de Fox que desgobernó al país de 2006 a 2012, es importante recordar que llegó al poder sumamente cuestionado, con la muy fundada sospecha de haber alcanzado la presidencia del país mediante el fraude electoral cometido contra López Obrador (de ahí los calificativos de "espurio" y "usurpador" que mereció), y respecto de la frase "voto por voto", alude a la consigna "¡Voto por voto, casilla por casilla!" mediante la cual la mitad de los electores del país exigió el recuento de votos que no aceptaron ni Calderón ni las autoridades electorales, a fin de consumar el fraude. Finalmente, acerca de la calavera calderoniana hay que decir nada más que durante el gobierno de Felipe Calderón la violencia del Estado y el narcotráfico dejó un saldo de casi 150,000 muertos, y el país vivió una guerra insensata producto del capricho de un presidente a quien, a los 45 años de edad, todavía le gustaba jugar a los soldaditos. •

Usurpador
(Contra Felipe Calderón)

Cuando se vaya al averno
con Fox, Zedillo y Salinas,
ni las mismas golondrinas
despedirán su gobierno.
Será su castigo eterno
y su infinito dolor
escuchar con gran ardor
y en medio de un alboroto
la frase "¡Voto por voto!"
y el grito de "¡Usurpador!".

En tiempos de Calderón
(Calavera)

Es rotunda redundancia
festejar la calavera
si tenemos abundancia
de difuntos dondequiera.
En tiempos de Calderón
todo día es Día de Muertos.
Está repleto el panteón.
¡Ya no caben tantos cuerpos!
Sin afán de molestar
ni ofender la tradición
ni parecer abusivos,
le queremos preguntar:
¿No podríamos celebrar,
al menos, un "Día de Vivos"?

II. Festiva y burlesca

El Negrito poeta

Yo soy el Negrito poeta
aunque sin ningún estudio:
si no tuviera esta jeta
fuera otro Padre Samudio.

• Este epigrama irónico burlesco lo cita el escritor y educador José Joa-
quín Fernández de Lizardi (ciudad de México, 1776-1827), primer no-
velista de América, en su obra cumbre *El Periquillo Sarniento* (1816). En
una nota al pie del primer capítulo de la segunda parte de su novela, al
referirse a los negros en la Nueva España, que eran considerados todos
ellos incultos, Fernández de Lizardi explica: "Aún se acuerdan en esta
ciudad de aquel negrito lego, pero poeta improvisador y agudísimo, de
quien entre sus muchas repentinas agudezas se celebra la que dijo al sa-
bio Padre Samudio, jesuita, con ocasión de preguntar éste al compañero
si nuestro negro, que iba cerca, era el mismo de quien tanto se hablaba;
lo oyó éste y respondió". Obviamente, respondió con el epigrama de
esta página, en donde el humor y la ironía tienen, sin duda, una carga
de revancha clasista y racial frente al menosprecio y la discriminación.
Más de un siglo después, otro "Negrito poeta", el veracruzano Arcadio
Hidalgo (1893-1984), retomaría este tema con una cuarteta autorrefe-
rencial que es, también, glosa de la del siglo XIX: "Tú eres el Negrito
poeta / vestido de puro holán; / los que te han visto la jeta / ¿qué habrán
dicho y qué dirán?". •

Del esputar equivocado

Enfermó Anacleta, y presto
vino el médico; pulsóla,
pidió la orina, miróla,
e hizo grave un sabio gesto.

–¿Esputa doña Anacleta?
—a la criada preguntó,
y ésta al punto respondió:
–No, señor; es alcahueta.

ANASTASIO DE OCHOA Y ACUÑA

• Anastasio de Ochoa y Acuña (Huichapan, Hidalgo, 1783-ciudad de México, 1833) fue párroco y poeta religioso y profano, cultivador de las formas neoclásicas. Autor de *Poesías de un mexicano* (Nueva York, 1928), cantó a las cosas divinas, pero también dejó algunos epigramas burlescos y satíricos como el de esta página y el de la siguiente. En el primero hace un sicalíptico juego de palabras con el verbo "esputar" (escupir flemas), y en el segundo la picardía sugiere que la medicina para el enamoramiento no es otro que el satisfacer las urgencias del amor. •

De Lucía

En aliviar a Lucía
un médico se esmeraba,
y aunque mil remedios daba,
ninguno a la enferma hacía.

Iba su empeño adelante,
mas díjele al ver su afán:
Recétele usted a Juan,
y ella sanará al instante.

ANASTASIO DE OCHOA Y ACUÑA

El cólera morbus

Yo soy el cólera morbus.
Mi marido es el torzón,
mis hijos son los calambres,
mi suegra la evacuación.

• La gran epidemia de cólera morbus, en México, se dio en el siglo XIX,
y alcanzó su momento más crítico en 1833. Según se dice, a consecuen-
cia de esta enfermedad perdieron la vida, sólo en la ciudad de México,
19,000 personas. Esta cuarteta anónima trata el asunto con más humor
que dramatismo. •

Contra un rico paticojo

Si tanto puede la plata,
si es tanta su suficiencia,
Manuel, haz la diligencia
que te enderecen la pata.

• Citado por Guillermo Prieto en su libro *Memoria de mis tiempos* (1853).
Este epigrama anónimo burlesco, con obvia connotación de resenti-
miento social de clase, va dirigido, refiere Prieto, al rico y elegante Juan
Gamboa, descendiente de la distinguida familia del oidor de este ape-
llido. Considerado como una de las "joyas de la sociedad" decimonó-
nica, personificaba en su elegancia las modas parisienses, pero su lujo
y su dinero iban aparejados a su cojera de nacimiento. La burla es sin
duda implacable. •

En la nopalera

En las barrancas te aguardo,
a orilla de los nopales.
Como que te hago una seña,
como que te chiflo y sales,
como que te vas por leña
y te vas por los nopales.
Tú no eres guaje... ya sabes.

• Coplilla pícara de carácter anónimo que forma parte de la canción del pastelero que vendía sus productos en la ciudad de México, muy cerca del Palacio Nacional. Citada por Antonio García Cubas (ciudad de México, 1832-1912) en *El libro de mis recuerdos* (1904), y citada también, con algunas variantes, por Gerardo Murillo (Guadalajara, Jalisco, 1875-ciudad de México, 1864), el famoso Dr. Atl, en su libro *Las artes populares en México* (1922). Reproducimos la versión del Dr. Atl que es más amplia que la que cita García Cubas. La coplilla utiliza con gran eficacia el doble sentido y en ella el amante, de la clase popular, se dirige a su amada para decirle que, con el pretexto de ir por leña, se dirija a la nopalera donde podrán tener su encuentro amoroso. Describe, obviamente, un cuadro de costumbres del siglo XIX. •

Fúnebre despedida
(Calaveras)

¡Qué susto van a llevar,
porque se salió del hoyo
el Editor Popular
Toncho Vanegas Arroyo!

Antes de perder la vida
les dejaré mis huaraches
y una triste despedida
a todos mis contlapaches.

Aunque sé que he de volver
y que el día menos pensado
buen susto van a tener
cuando me haya presentado.

Ya me tiemblan las narices
y se me tapan las manos,
ya hasta siento las lombrices
pelearse con los gusanos.

Me tocó la de deveras:
mi cuerpo pronto estará
entre muchas calaveras
y el mundo me olvidará.

Por eso antes de morir
hago un esfuerzo supremo

para poder despedir
al más vivo y al más memo.

Y que perdonen mis faltas
si no me importa un pilón,
ya que restiré las patas
no les pido compasión.

[...]

Adiós, médicos chambones,
que tan caro les pagué;
me fue peor con sus pociones
y siempre me restiré.

Adiós, zonzos boticarios
que con gusto tan profundo,
lueguito me despacharon...
¡pero para el otro mundo!

*

Allá Don Toncho Vanegas,
como en el mundo hizo igual:
sigue llenando talegas
y aumentando su caudal.

Aquí dejó a su hijo Blas
que entre los vivos rezumba,
pero que remite más
para el país de Ultratumba.

[...]

Y todo aquello es ganar.
Allí cualquiera trabaja,
y el Editor Popular
ni muerto, jamás se raja.

• Antonio Vanegas Arroyo (Puebla, 1850-ciudad de México, 1917) fue autor, editor e impresor de gacetas callejeras y hojas sueltas que se vendían entre el sector popular y que contenían corridos, historias y sucesos en verso, con ilustraciones de extraordinarios grabadores, entre ellos Manuel Manilla (1830-1895) y José Guadalupe Posada (1852-1913). Fue tanta la popularidad de sus hojas sueltas que éste era el mejor modo de informar a la gente sobre los acontecimientos de finales del siglo XIX y principios del XX. El subgénero poético satírico de la "calavera" (burla, humor e ironía con motivo de la muerte y, particularmente, del Día de Muertos) alcanzó su perfección gracias a Vanegas Arroyo y su imprenta por él fundada en 1880. Aunque hay antecedentes de "calaveras" desde 1850, fueron Vanegas Arroyo, Manilla y Posada quienes fijaron sus características definitivas que perduran hasta hoy como una forma poética popular de carácter satírico, salvo cuando se usan (absurdamente y adulterándolas) para elogiar a alguien. Las "calaveras" son humorísticas, pero esencialmente críticas y, muchas veces, combativas frente a todo tipo de poder (político, económico, religioso, social, gremial, etcétera). A la muerte de Antonio Vanegas Arroyo, continuó con la tradición su hijo Blas. Las calaveras que publicamos aquí son reproducciones fragmentarias de dos hojas volantes de entre 1915 y 1917. Cabe apuntar que hoy las mejores calaveras que se publican, siguiendo la tradición de los Vanegas Arroyo, Manilla y Posada, son las de la revista *El Chamuco y los Hijos del Averno*, con Rius, El Fisgón, Helguera, Hernández, Patricio y Pedro Miguel, así como las del diario *La Jornada*, en algunos de sus suplementos especiales. Desafortunadamente, abundan los periódicos que publican cosas parecidas a las "calaveras" que en lugar de fustigar al poder y hacer reír, lo que hacen es elogiarlo y hacernos llorar o rabiar. •

Calavera fanfarrona

Los muertos no me dan frío
y de los vivos me río.
Todos me pelan los dientes,
incluidos sus parientes.
Los muertos me la pellizcan
y los vivos me la pelan;
las calacas no me ciscan
y menos los que las velan.

• Calavera anónima y popular de mediados del siglo XX. Posee todas las virtudes irreverentes que debe tener este subgénero poético (el de la "calavera") motivado por el Día de Muertos, tal y como lo caracterizaron el impresor y autor Antonio Vanegas Arroyo (1850-1917) y el grabador e ilustrador José Guadalupe Posada (Aguascalientes, 1852-ciudad de México, 1913) a fines del XIX y principios del siglo pasado en México. •

Las piernas de Dolores

Al tomar las aguas frías
le vi, a través de una ola,
lindas las piernas a Lola,
teniendo enfermas las mías;
y entre penas y entre amores,
exclamé con voces tiernas:
¡Ay, qué dolores de piernas!,
¡ay, qué piernas de Dolores!

LUIS G. LEDESMA

• De la vena festiva de Luis Gonzaga Ledesma (1847-1922), mejor co-
nocido como "Samuel", este epigrama y los dos siguientes, incluidos en
el volumen *La musa festiva de Samuel* (1887), revelan su extraordinario
ejercicio humorístico en la lírica mexicana del siglo XIX. Estos tres epi-
gramas resultan inolvidables gracias al diestro juego de palabras y las
divertidas anfibologías que pueden producir ciertos verbos. •

Trasudar

De un doctor con el permiso
se debió purgar Inés,
mas dijo el doctor: "después
de trasudar es preciso".
Trasudó Inés por demás,
pero sólo por delante,
y así no tomó el purgante,
porque no sudó de atrás.

LUIS G. LEDESMA

Trasuntar

–Muchacho, lleva este apunte
a don Blas el de "La Selva",
y dile que lo devuelva
después de que lo trasunte.
–Ya entiendo: con que a don Blas
llevo este apunte y le digo
que lo devuelva conmigo
después de untárselo atrás.

LUIS G. LEDESMA

El honrado

Es tan honrado Bartolo,
empleado en casa de baños,
que lleva en ella tres años
¡y no ha tomado uno solo!

KIEN

• José Francisco Elizondo Sagredo (Aguascalientes, 1880-ciudad de México, 1943), alias "Kien", fue autor teatral, compositor, guionista de cine y epigramista. En el género del epigrama colaboró en el diario *Excélsior* comentando satíricamente el suceso cotidiano en la sección "El epigrama del día". Luego recopiló estos epigramas en libros como *Más de cien epigramas de Kien* (1932) y *Fisgas y chungas. Epigramas de Kien* (1941). Firmaba con los seudónimos Kien y Pepe Nava y con su nombre abreviado José F. Elizondo. El epigrama de esta página y el que sigue son ejemplos de su creatividad. •

El estoico

"Soy un estoico" asegura
el holgazán Luis Pantoja,
cuando en cómoda postura
no sufre ni se acongoja.
Y es que el tonto se figura
que "estoico" es abreviatura
de "estoy como se me antoja".

KIEN

¡Lindos pies!

¡Lindos pies te ha dado Dios!
Bien mereces otros dos.

ANTONIO PLAZA

• En las *Poesías completas* de Antonio Plaza (1883-1882), *Álbum del corazón* (1890), hay cuatro breves secciones de epigramas burlescos y satíricos, que en total suman treinta breves composiciones. Plaza es realmente un maestro en este género, por su brevedad, concisión y picardía. El epigrama de esta página y los cinco siguientes pertenecen a su *Álbum del corazón*. •

El poder de las talegas

Casó la niña Villegas
con un rico sordo y mudo,
porque resistir no pudo
el poder de sus talegas.

ANTONIO PLAZA

Previsor

Iban a matar un chivo
y Cenobio lo evitó.
Su mujer le preguntó:
"¿Para qué lo quieres vivo
cuando es inútil así?"
Él dijo entonces: "Señora,
lo que hago por él ahora
mañana lo harán por mí".

ANTONIO PLAZA

Postura

La hermosa doña Ventura
descansa aquí boca arriba,
porque cuando estaba viva
le agradaba esa postura.

ANTONIO PLAZA

Un dedo más

Dijo la niña Isabel
cuando con Juan se midió:
"No somos iguales: él
tiene un dedo más que yo".

Antonio Plaza

Damas

Tú que el dedo no te mamas
espero que me dirás:
¿por qué a las mujeres, Blas,
algunos les llaman damas?
–Porque aman al que da más.

                ANTONIO PLAZA

                    { 117 }

Vida europea

París, mayo veintisiete.
El visconde Fouregan
se casó con Mistress Noy
en la iglesia San Germán.
El conde a quien abandona
la ingrata de su mujer,
dice que al rival dichoso
la espina le va a romper.

AQUILES [RAMÓN LÓPEZ VELARDE]

• Este ocio literario de Ramón López Velarde (Jerez, Zacatecas, 1888-ciu-
dad de México, 1921) se publicó en el periódico *El Observador* el 18 de
junio de 1908, firmado con el seudónimo "Aquiles" (otro seudónimo
que utilizó el poeta en ese tiempo fue "Esteban Marcel"). Se trata, por
supuesto, de un simple juego humorístico acerca de las ridículas e in-
trascendentes noticias europeas que circulaban en ese momento y que
al poeta le causaban gracia. Junto con este epigrama publica otros cinco,
todos ellos acompañados del siguiente estribillo burlesco: "Los europeos
tienen un talento / que es fenomenal, / así lo dicen todos los tratados / de
Historia natural". El epigrama está recogido por Guillermo Sheridan en
el volumen *Correspondencia [de Ramón López Velarde] con Eduardo J. Co-
rrea y otros escritos juveniles, 1905-1913* (1991). •

Consejo

No dejes que a tu caballo
le corten cola ni crin;
que no lo ensille un pendejo
ni que lo monte un catrín.

• Durante el porfiriato, el catrín era el rico, el bien vestido, el trajeado, con bastón y bombín. Su vestimenta elegante representaba su alto nivel social y económico, frente al ciudadano común y, en general, pobre. •

Plegaria

Líbreme mi Dios de un rayo,
de un burro en el mes de mayo
y de un pendejo a caballo.

• Al igual que hoy hay que cuidarse de los malos conductores de automóvil, en el siglo XIX y principios del XX era frecuente que a un jinete poco diestro se le desbocara el caballo con las consecuencias funestas para quienes resultaban atropellados o apachurrados. En cuanto al burro en el mes de mayo, el sentido no es otro que el de burro en primavera, cuando el cuadrúpedo está en celo y resulta un peligro por su entusiasmo sexual que no distingue entre hembra y ser humano. •

Canción

Y estando a-
y estando amarrando un gallo
se me re-
se me reventó el cordón.
Yo no sé
si será mi muerte un rayo...
o me ma-
o me matará un cabrón
desos que an-
desos que andan a caballo
validós
validos de la ocasión.
Y ha de ser pos cuándo no.

• Julio Torri (Saltillo, Coahuila, 1889-ciudad de México, 1970), escritor breve y extraordinario por su concisión, ironía e inteligencia, es autor de *Ensayos y poemas* (1917), *De fusilamientos* (1940) y *Prosas dispersas* (1964), que reunió en el volumen *Tres libros* (México, 1964). No practicó la poesía en verso, pero en su cuento "La feria", perteneciente a *De fusilamientos*, incluye esta cancioncilla a un tiempo burlesca y melancólica que, según relata, "en mitad del bullicio, acompañado de tosco guitarrón", canta un ciego "con su voz aguda y lastimera". Creación anónima y popular, sin duda, recuperada y recreada por el gran escritor mexicano para hacerla inolvidable. •

Albures de antaño

Si te duele la cabeza, que te la metan en agua.
No sacudan tanto el chile que se riega la semilla.
Ese culantro está seco, le falta su regadita.
A ese frijol arrugado le falta su recocida.
¡Ora lo verás, huarache, ya apareció tu correa!
No le hagas asco al conejo si nunca has comido liebre.
No me arrimes el comal que no soy tu enchiladera.
Ahora sí que me creció por andármela jalando.
No me aprietes los limones porque te llenas de jugo.
¡Ah, qué rechinar de puertas, parece carpintería!
¡Que chingue a su madre el muerto y los que lo van
    cargando!
¡Ay, pulga, no brinques tanto, que no te puedo coger!
A puro desfrijolar nos vamos en esta milpa.
¡Échame tres de registro y siete de tonadita!
La calabaza en Zacoalco crece más que en Lechería.
¡Que me echen esos suspiros en la copa del sombrero!
No sacudan los blanquillos, pues se revuelven las yemas.
Nunca falta un chile en papas en un bodorrio de pobres.
Y no me lo den llorando, que se los pido riendo.
Échenme de amor un cohete con su pólvora de olor.
Ya es bueno que se abra el culto... pa' bautizar al pelón.
¡Ay, horno, no te calientes, que me quemas el bolillo!
Al fin, si te has de poner, vete pues acomodando.
No es igual beber en jarro que beber en botellón.
¡Qué caño tan apestoso; ya hasta me hizo estornudar!
Cuando dicen a dormir no hay más que cerrar los ojos.
No aprieten los chiles verdes porque les arden las manos.
¡Ay, mamá, me huele a lima, si estará cerca la mata!

Si he sabido que te avientas, no te doy los alverjones.

No me cierren las petacas que faltan las dos talegas.

Cuando el amor es parejo nomás un pujido se oye.

No me agarren el Chiquito porque comienza a chillar.

En tiempo de tempestad cualquier agujero es puerto.

No te encojas, chile macho, que te voy a calentar.

• Todos estos albures y expresiones proverbiales de doble sentido (casi siempre con connotaciones sexuales) provienen del "periódico profético y decidor" *La Madre Matiana*, publicación satírica mexicana impresa en la capital del país en las primeras décadas del siglo XX, y reflejan perfectamente el ingenio para hacer del idioma un instrumento de mofa o de defensa personal. •

La mujer

La mujer es al placer
lo que al licor es el vaso.
Al pasar una mujer
sólo pretende en su paso
feliz la vida volver.

Si el problema de la vida
es el gozar con razón,
la mujer es la escogida,
y aunque sea una ilusión
hace la ilusión querida.

La mujer nunca se inmuta
al ir en pos de su estrella,
lo mismo aquí que en Calcuta
sabe bien que siendo... bella
será codiciada fruta.

La mujer al fin y al cabo
es la señora del hombre,
y para hacerlo su esclavo
coge al hombre por el... nombre.

• Publicado en el número 488 del "periódico profético y decidor" *La Madre Matiana*, el jueves 31 de enero de 1929. •

El freno

Ahora sí se puso bueno.
¡Así te quería ver!
Es muy linda la mujer
cuando agarra bien el freno.

• Publicado en el número 434 del "periódico profético y decidor" *La Madre Matiana*, el jueves 25 de agosto de 1927. •

Hembras y machos

De la foca, el foco,
de la cuenta el cuento,
de la garita el garito,
de la pera el pero,
de la pita... el pito.

• Publicado en el número 415 del "periódico profético y decidor" *La Madre Matiana*, el domingo 20 de marzo de 1927. •

Albureando

El primer Coyote Cojo
que conocí
fue en Querétaro,
sacando blanco metal
para feriarlo por oro.

• Publicado en el número 429 del "periódico profético y decidor" *La Madre Matiana*, el jueves 21 de julio de 1927. •

Piropo

Tus ojos son dos linternas,
tus labios pintan los míos;
ya me agarraron los fríos,
y hasta dolor en las piernas.

• Publicado en el número 441 del "periódico profético y decidor" *La Madre Matiana*, el jueves 27 de octubre de 1927. •

¡Ay, carambas!

¡Ay, carambas!, dijo Judas
llegando hasta los otates,
aparéjame las mulas
y sácame los petates.

• Copla alburera publicada en el número 441 del "periódico profético y decidor" *La Madre Matiana*, el jueves 27 de octubre de 1927. •

Copla

En la cárcel de Celaya
estuve preso y sin delito,
por una infeliz pitaya
que picó mi pajarito.
¡Mentiras!, ni le hizo nada:
ya tenía su agujerito.

• Copla muy popular que Donají Cuéllar, investigador de la Universidad Veracruzana, en su ensayo "Pájaros de cuenta", incluido en el libro *La copla en México* (2007, edición de Aurelio González), identifica como parte de canciones en Oaxaca, Distrito Federal y San Luis Potosí, y como estrofa suelta en Hidalgo y el Distrito Federal. •

De tarde hace daño

Le dije a una chaparrita
si me lavaba mi paño,
y me dijo la maldita:
—Si quiere usté hasta lo baño.
Nomás venga de mañana,
porque de tarde hace daño.

• Copla anónima que forma parte de la canción popular "El pájaro car-
pintero", que recoge el Dr. Atl (Gerardo Murillo, 1875-1964) en su libro
Las artes populares en México, 1922. •

El buche de agua

¡Qué chico se me hace el mar
para echarme un buche de agua!

• Refrán popular de carácter fanfarrón. Lo recoge el Dr. Atl en el libro ya citado *Las artes populares en México*. •

Macarina

Macarina, ¿qué pasó?,
¿qué sucedió, Macarina?
¡Deme usted el conqueorina
para el conqueorino yo!

Luis G. Urbina

• Luis G. Urbina (ciudad de México, 1864-Madrid, España, 1934) fue
poeta romántico y modernista; también cultivó la crónica y el ensayo.
Dos de sus libros de poesía más importantes son *Lámparas en agonía* y *El
corazón juglar*. Poeta atildado, en su obra no cultivó realmente el epigra-
ma, mucho menos el epigrama sicalíptico, pero Rafael Heliodoro Valle,
según consigna Guillermo Sheridan, le atribuye esta muy pícara cuarte-
ta que reproducimos y cuya fuente de inspiración era "una tal Macarina,
taquígrafa agradable al servicio de Justo Sierra". Sheridan acota (*Letras
Libres*, diciembre de 2003): "Que nadie se ofenda. El viejito Urbina es
difunto de tiempo atrás y su ingenio no daña a nadie, menos aún a Ma-
carina, tan anónima a pesar de su nombre estrepitoso, y tan difunta
como su admirador". •

Recado

En tu recado encontré
ortográficos excesos;
y no me explico por qué,
al pedirme veinte besos,
pusiste besos con pe.

SALVADOR DÍAZ MIRÓN

• Salvador Díaz Mirón (Veracruz, 1853-1928) es uno de los grandes poetas modernistas hispanoamericanos y una de las glorias de la lírica mexicana. Sus libros *Poesías* (1900) y *Lascas* (1901) están entre lo más memorable de su obra poética. No cultivó realmente el epigrama satírico y burlesco. Estos versos, más humorísticos que burlescos, los cita Alfonso Méndez Plancarte en su obra *Díaz Mirón, poeta y artífice* (1954) y los recoge Manuel Sol en la sección "Borradores, fragmentos y poemas atribuibles" en su edición de la *Poesía completa* (1997) de Díaz Mirón. •

Humor del bueno

Dos cosas, para tortura,
me salieron del demonio:
tener tan corta estatura
y llamarme Celedonio.

CELEDONIO JUNCO DE LA VEGA

• Celedonio Junco de la Vega (Matamoros, Tamaulipas, 1863-Monterrey, Nuevo León, 1948) fue hombre afable y poeta con un gran sentido del humor, pues sólo quienes entienden perfectamente el humor pueden llevar a cabo, con bonhomía, el autoescarnio que, en su caso, es magistral por cuanto que se refiere lo mismo a un físico breve que al nombre que le impusieron en la cuna. Este epigrama es citado por su hijo Alfonso Junco (1896-1984), también escritor, quien en 1950, en su discurso de ingreso a la Academia Mexicana (a la que perteneció también su padre) describió del siguiente modo a su querido progenitor: "Nervioso, cordialísimo, de plática vivaz; era pequeño, extraordinariamente pequeño, y llevaba —ocultándolo cuanto podía— un nombre feo, extraordinariamente feo... Se llamaba Celedonio —Celedonio Junco de la Vega— y era, para más señas, mi padre". •

Añicos

La mucha edad desmorona
igual a pobres que a ricos.
Por eso mi voz pregona:
lo que cuenta mi persona
no son años, sino añicos.

CELEDONIO JUNCO DE LA VEGA

• Citado también por su hijo Alfonso Junco, en el volumen *Semblan-zas de académicos* (1975), de las Ediciones del Centenario de la Academia Mexicana. Advierte su hijo que este epigrama lo escribió Celedonio Junco de la Vega (1863-1948), ya octogenario, para celebrar uno de sus cumpleaños. •

Un busto en honor de Virginia Fábregas

Me parece redundante
y gesto de muy mal gusto
que teniéndolo abundante quieran rega-
larle un busto.

XAVIER VILLAURRUTIA

• Xavier Villaurrutia (ciudad de México, 1903-1950) compuso este epi-
grama a raíz de que se proyectaba erigir el busto de la actriz Virginia
Fábregas (1871-1950) en su teatro. Villaurrutia no lo publicó, pero Sal-
vador Novo (1904-1974) lo dio a conocer, junto con otros textos inédi-
tos, en el suplemento *México en la Cultura* del diario *Novedades*. Décadas
más tarde, el 27 de marzo de 2003, Miguel Capistrán lo republicó en el
diario *La Jornada*. •

A la luz de los quinqueses

A la luz de los quinqueses,
sentados en los sofases,
tomando nuestros cafeses
me acuerdo de sus mamases.

VARIANTE

A la luz de los quinqueses,
sentados en los sofases,
tomando nuestros cafeses
y mirándonos los pieses
me acuerdo de sus mamases.

ERASMO CASTELLANOS QUINTO

• Este epigrama lleno de humor y juego de palabras con un maravilloso sentido pueril se atribuye a Erasmo Castellanos Quinto (Santiago Tuxtla, Veracruz, 1880-ciudad de México, 1955), quien fue abogado y escritor, pero se distinguió especialmente en la docencia. Impartió clases de literatura en la Escuela Nacional Preparatoria y en la Facultad de Filosofía y Letras de la UNAM. Es fama que vivía muy humildemente y tenía una particular atención a los perros callejeros, a los que alimentaba y curaba. Sus discípulos (varios de ellos se hicieron escritores con el tiempo) lo recuerdan siempre con gran afecto a pesar de que también fue objeto de sus burlas. El epigrama de esta página, según se cuenta, lo compuso el viejo profesor cuando recibió a algunos de sus alumnos en su modesta vivienda, y entonces hubo una falla en la energía eléctrica y tuvieron que alumbrarse con lámparas de petróleo (es decir, con quinqués). Los alumnos le solicitaron a Castellanos Quinto que dijera algo poético en relación con ese momento, y el profesor improvisó estos versos (cuatro, dicen algunos; cinco, dicen otros). Es, sin lugar a dudas, un diestro ejercicio de versificación y buen humor. •

La venganza

Un sastre, un tal Contreras,
se tiró por el ojo a unas tijeras.
Y su mujer creyó que era vengarse
con las mismas tijeras masturbarse...

MORALEJA
El que a hierro mata, a hierro muere.

N. HINOJOSA

• Este epigrama y el de la página siguiente los atribuye Renato Leduc a un tal señor Hinojosa del que no tenemos más información que la que el propio Leduc ofrece en la noticia de la edición de 1979 en la que reúne sus poemas "Prometeo", "La odisea" y "Euclidiana": "En el año 13 del siglo que corre conocí, no recuerdo bien si en Sombrerete o en Chalchihuites (Zacatecas), a un singular sujeto, el señor Hinojosa. Era relojero municipal, juez habilitado de primera instancia... y dipsómano de aquellos que toman sólo cada seis meses... pero hasta caer en cama... Durante sus convalecencias el señor Hinojosa practicaba lo que llamaba las 'bellas letras', la poesía, para la que tenía este principio único: la poesía debe contener siempre una enseñanza práctica; la poesía debe ser docente o didáctica. Lo que no sea esto no es poesía ni sirve para nada. Para poner el ejemplo, el señor Hinojosa escribía lo que llamaba 'epigramas con moraleja'". Y entonces, Leduc cita, de memoria, un par de ellos, que son los que reproducimos aquí. Este par de epigramas es una muestra de singular maestría en la poesía humorística. •

Hacer el bien sin mirar a quién

Las gatas de una fonda
hicieron una vez cama redonda.
Pasó Juan por fortuna
y, sin mirar a cuál,
se tiró a una.

MORALEJA
Haz el bien y no mires a quién.

N. HINOJOSA

Dichos y coplas de Pito Pérez

¡Pobrecito del Diablo,
qué lástima le tengo!

*

A Dimas le dijo Gestas:
¡qué pendejadas son éstas!
Y al Pito le dijo Dimas:
te tizno si no te arrimas.
Y volaron al momento
las limosnas que tenía
en su sagrada alcancía
el Señor del Prendimiento.

*

Si de chico fui a la escuela,
si de grande fui soldado,
si de casado, cabrón,
y de muerto, condenado,
¿qué favor le debo al sol
por haberme calentado?

José Rubén Romero

• Estos "decires" provienen de la voz del personaje Jesús Pérez Gaona,
mejor conocido como Pito Pérez, protagonista de la novela costum-
brista de José Rubén Romero (1890-1952) *La vida inútil de Pito Pérez*
(1938). Lo que cuenta en ellos no es la perfección lírica, sino la fuerza
conceptual con la que están expresados el cinismo y la desolación del
personaje de raigambre popular. •

Recuerda que te quisí...

Recuerda que te quisí
y siempre te estoy quisiendo.
El amor que te tuví,
siempre te lo estoy tuviendo,
y si me dices que sí,
siempre te lo sigo haciendo.

ARCADIO HIDALGO

• Arcadio Hidalgo (Nopalapan, Veracruz, 1893-Minatitlán, Veracruz, 1984) fue trovador, jaranero, sonero y versero, con una maestría extraordinaria para la versificación repentista o, lo que es lo mismo, para la improvisación poética popular. Autodidacto, participó en la Revolución mexicana. De ascendencia cubana, se autodefinía del siguiente modo en sus versos: "Yo me llamo Arcadio Hidalgo, / soy de nación campesino, / por eso es mi canto fino / potro sobre el que cabalgo". En una entrevista que le hizo Alain Derbez con motivo de sus 90 años, el jaranero sentenció que era "negrito pero chingonazo". Y fue, en efecto, ambas cosas. Su obra se difundió gracias a las grabaciones del son jarocho en las que participó con el grupo musical Mono Blanco. Su obra poética, juntada y ordenada por Gilberto Gutiérrez y Juan Pascoe, está en el volumen *La versada de Arcadio Hidalgo*, publicado en 1981 y ampliado en 1985. La copla picaresca de esta página es particularmente ingeniosa al hacer uso no sólo del doble sentido que remite a lo sexual, sino también de un lenguaje de coloquial puerilidad, sarcástico e irónico y para nada inocente o ingenuo. •

El gustito

Mi marido fue de viaje
y me trajo un molcajete,
y del gusto que lo trajo
ya lo saca, ya lo mete.

VARIANTE

Mi marido fue a Tabasco
y me trajo una batea,
y del gusto que la trajo
ya se caga, ya se mea.

• Coplilla anónima, con diversas variantes. Data de fines del siglo XIX o principios del XX. Las variantes admiten cambiar el lugar al que se fue de viaje y el objeto que se trajo de dichas andanzas. •

Muy humilde petición

Dame lo que te pido
que no te pido la vida:
de la cintura pa' abajo,
de las rodillas pa' arriba.

• Copla machista anónima de raigambre popular. Siglo XIX. •

Como los caballos buenos

Aguadas me gustan más
aunque me la pelen menos,
pues no pierden el compás,
como los caballos buenos.

• Coplilla procaz de autor anónimo. Por la referencia al *compás de los
caballos buenos* es del ámbito rural y no citadino. Fines del siglo XIX o
principios del XX. •

Ni por vicio ni fornicio

Esto que hacemos, Señor,
no es por vicio ni fornicio,
sino por hacer un hijo
para tu santo servicio.

• Cuarteta sarcástica que satiriza la moral religiosa en relación con el coito. La consigna Carlos Monsiváis (ciudad de México, 1938-2010) en el prólogo al libro *La casa de citas en el barrio galante* (1991), de Ava Vargas. Bien podría ser de la autoría del propio Monsiváis, muy afecto a la parodia. •

Sin duda

Bastón delgadito,
reloj en bolsita
y anillo en el puro:
¡pendejo seguro!

VARIANTE

Bastón delgadito,
reloj con piedritas
y anillo en el puro:
¡pendejo seguro!

• Se trata de un refrán popular de fines del siglo XIX, mediante el cual
la gente del pueblo fustiga la moda y las actitudes del catrín o el curro,
prototipos de la clase rica o acomodada. Los catrines acostumbraban
llevar un bastón muy fino y portaban su reloj en el bolsillo (pendien-
te de una cadenilla generalmente de oro o plata que aseguraban en las
presillas del pantalón). Fumaban puros y no cigarrillos, y en tanto más
finos fuesen los puros, estos llevaban el "anillo" de papel (vitola) no sólo
de distinción de la marca, sino para que los fumadores no se mancharan
los dedos o los guantes con el tabaco. Para la clase popular, un tipo así
(un petimetre) sólo podía ser un bueno para nada, un riquillo y, en un
sentido amplio, un pendejo, con todo lo que este insulto conlleva en su
connotación de resentimiento social. •

Contra los poblanos

Mono, perico y poblano,
no lo toques con la mano;
tócalo con un palito,
porque es animal maldito.

*

En alambique echarás
a un ladrón y a un asesino,
a Lutero y a Calvino
y a Herodes el inhumano,
y en la hornilla de Vulcano
hallarás la quintaesencia,
y sacarás, con paciencia,
a un auténtico poblano.

• No se sabe, en realidad, de manera convincente, las causas que originan esta ferocidad burlesca y satírica contra los naturales de Puebla, como la expresada en el refrán y en el epigrama anónimo de esta página. En *La Jornada de Oriente* (26 de abril de 2011), Ramón Beltrán López advierte que entre los testimonios escritos por viajeros que han visitado Puebla o han vivido allá, "hay observaciones que no nos favorecen; por el contrario, son sumamente desfavorables ya sea para nosotros o para nuestros antecesores, y algunas lo son tanto como aquellos versos, coplas y rimas que señalan a los poblanos de ser poco confiables y peligrosos". Esto lo atribuye a chismes y calumnias, pero también consigna algunos testimonios, como el de Constantino Giacomo Beltrami, quien se refiere, en 1824, a que un tal Vicente Gómez "durante la Revolución [de Independencia] figuró a veces como patriota, a veces como sedicioso, a veces como traidor, y siempre como monstruo, [pues] recorría la provincia a la cabeza de una horda de bandidos". Otro testimonio que cita es el del geógrafo y etnólogo alemán Eduard Muhlenfordt, quien asegura que la "apariencia general de los habitantes de Puebla es de huraños y taciturnos". En su página electrónica la Academia Mexicana de la Lengua atribuye estos dichos insultantes a "la lucha folclórica entre las diferentes regiones del país", lo cual tiene también mucho sentido, pues tal animadversión localista existe incluso entre habitantes de un mismo estado pero de diferentes ciudades o pueblos, como en el caso de la muy conocida cuarteta que dirigen los jarochos (los nativos del puerto de Veracruz) contra sus paisanos nacidos en Xalapa, la ciudad capital del estado: "Ya lo dijo el santo Papa, / y lo dijo a voz en cuello: / ¡Chingue a su madre Xalapa; / sólo Veracruz es bello!". •

Los marihuanos y el diablo mayor

Ái viene el diablo mayor
con sus veinticinco hermanos
y dice que se ha de llevar
a todos los marihuanos.

• Fragmento de un corrido popular de la segunda década del siglo XX. Citado por Ricardo Pérez Montfort en su libro *Yerba, goma y polvo. Drogas, ambientes y policías en México, 1900-1940* (México, 1999). •

El enorme pájaro

Yo soy un enorme pájaro
que vela cabizbajo;
si quiere volaré a otro árbol,
pero no me bajo.

MIGUEL OTHÓN ROBLEDO

• Esta humorada u ocurrencia del poeta jalisciense Miguel Othón Robledo la cita Renato Leduc en el texto "Miguel Othón Robledo, un poeta olvidado" que incluye en su libro *Historia de lo inmediato* (1984). Fue la respuesta en verso que Robledo le dio a un gendarme luego de que éste le ordenara bajar de un árbol al que el poeta había subido en una de sus tantas borracheras. Leduc relata lo que le contó Robledo: "Anoche se me ocurrió dormir encaramado en un árbol del Jardín de San Fernando... Llegó un genízaro y desde abajo me increpó: '¡Hey!... ¿quién es usted?, ¿qué hace allí?... ¡Bájese o lo bajo!...' Yo, desde mi altura, le contesté con voz cavernosa". Y lo que le contestó fue, precisamente la cuarteta de esta página. Según le contó Robledo a Leduc, "el gendarme huyó despavorido". Y no era para menos. •

Lápida

Pasó Zenona Galás
de esta vida transitoria
a la mansión de la gloria,
en donde reposa en paz.
La acompaña Nicolás,
también Humberto Quiñones,
don Primitivo Trocones,
su hijo Bruno y otros más.
Todos eran de Dzitás
...*y una punta de cabrones.*

• Si no siempre de poetas, los mexicanos tenemos al menos alma de
grafiteros. No podemos dejar pasar una oportunidad sin plasmar nues-
tro nombre o nuestra huella en alguna superficie, incluso en la penca
del maguey (como consta a José Ángel Espinoza, *Ferrusquilla*, en "La
ley del monte"). En el epitafio de esta página, una familia yucateca qui-
so que, sobre la cripta, su lápida sonara muy poética con unos versos
octosílabos perfectamente rimados que, sin embargo, no terminaron en
décima. Un versificador anónimo y caritativo completó, efectivamente,
la décima que al final le dio a la lápida su valor inolvidable. Armando
Jiménez la reproduce y divulga en su *Nueva picardía mexicana* (1971),
con la siguiente información: "En Dzitás, pequeña población del buen
vecino Yucatán, se hallaba el sepulcro de una familia tan mal apreciada
por sus coterráneos que alguien añadió, con un punzón o un clavo, un
verso más a los escritos en el mármol". Gracias a este verso anónimo los
muertos, muy nombrados, han pasado a la historia. •

Despedida

Adiós, Campeche querido.
De tus murallas me alejo.
Si vine fue por jodido
y si vuelvo es por pendejo.

• Esta copla burlesca y anónima del siglo XX admite todas las variantes
que se quieran. Basta con cambiar el topónimo (sin alterar la métrica
octosilábica) así como el elemento característico que se menciona en el
segundo verso (en lugar "murallas", otra cosa), y conseguir con ello una
especie de copla-comodín que incluso puede servir para enseñar el arte
de la versificación. Ejemplo: "Adiós, Veracruz querido. / Ya de tus playas
me alejo. / Si vine fue por jodido / y si vuelvo es por pendejo". Otra más:
"Adiós, Teziutlán querido. / Ya de tus lomas me alejo. / Si vine fue por jo-
dido / y si vuelvo es por pendejo". Sería excesivo, e injusto, que esta di-
dáctica y festiva copla popular únicamente menoscabara a Campeche. •

Postal

Una fila de palmeras,
una mar de agua salada,
una punta de güevones
y un calor de la chingada.

• Al igual que la anterior, esta copla anónima y popular del siglo pasado
admite todas las variantes que se deseen. En internet pueden consultar-
se muchas de ellas. •

El chivo reparador

Un chivo pegó un reparo
y en el aire se detuvo.
Hay chivos que tienen madre
pero éste ni madre tuvo.

• "El chivo reparador" es una de las coplas más ingeniosas e inolvidables de nuestra riquísima lírica popular. De carácter anónimo no es únicamente una copla bien medida y bien rimada, sino también una cuarteta surrealista (hay que imaginar al chivo detenido en el aire) y sin duda muy misteriosa. Este "chivo huérfano" lo es no precisamente por orfandad, sino porque hace cosas tan asombrosas que se puede exclamar, sin duda, que "¡no tiene madre!". •

Así empieza

Él la tumba,
ella lo besa;
a ella todo le zumba
y a él se le pone tiesa:
los dos pierden la cabeza.
Y así empieza...
hasta la tumba.

• Cancioncilla conceptual y sicalíptica de mediados del siglo XX, de ca-
rácter anónimo. No requiere de mayor explicación. •

El arete
(Adivinanza)

La mujer coge el juguete;
lo que cuelga, queda abajo,
y en su agujero lo mete
con poco o mucho trabajo.

• Acertijo anónimo sicalíptico y jocoso de principios del siglo XX. Su divulgación se debe especialmente a la *Picardía mexicana* (1960) de Armando Jiménez. Años más tarde lo retomó Gabriel Zaid en su imprescindible *Ómnibus de poesía mexicana* (1971). •

El caballo
(Adivinanza)

Largo y peludo...
para tu culo.

<hr>

• Acertijo anónimo igualmente sicalíptico y jocoso perteneciente al siglo XX. De gran popularidad, por su acendrada picardía. El escritor e historiador vasconcelista Alfonso Taracena aseguraba que este brevísimo dístico era un haikú superior en todo a cualquiera de los escritos por José Juan Tablada. Obviamente, era una exageración, pero nadie puede dudar de la eficaz economía verbal y concentrada eufonía en estas seis palabras del todo significativas. •

Refrán

Agua le pido a mi Dios,
y a los aguadores, culo.

• Este burlesco y festivo refrán es deformación procaz del desdeñoso
"agua le pido a mi Dios y el resto a los aguadores" que luego se con-
virtió en "agua le pido a mi Dios y a los aguadores nada". El sentido
de este refrán denota que las cosas importantes hay que tratarlas o so-
licitarlas con la gente importante o principal y no con los ayudantes o
segundones. Por supuesto, está la interpretación más simple: en otras
épocas, cuando llovía, la gente aprovechaba el agua de lluvia y la alma-
cenaba, para de este modo prescindir de los "aguadores" (que pasaban
por las calles vendiendo el líquido en garrafones y otros contenedores).
El agua de Dios (la lluvia) se le podía pedir o implorar al altísimo, y de
este modo no necesitar nada de los "aguadores". El refrán, ya de suyo
desdeñoso, adquirió pronto una carga alburera, pues en su versión polí-
ticamente incorrecta (que es la que incluimos en esta página), no sólo se
manda al diablo a los aguadores (los segundones) sino que, de paso, o
aprovechando la ocasión, se les pide el culo (las nalgas) que, a juicio de
los peticionarios, es lo único que ellos están en posibilidad de dar, pues
otra cosa no tienen. •

A los bravucones

El que saca una pistola
sin apretar el gatillo,
que se la guarde en la cola
o la enfunde en su fundillo.

VARIANTE

Si no aprietas el gatillo,
guárdatela en el fundillo.

• Copla anónima y refrán popular de muy vieja tradición. En México se dice que quien desenfunda, fanfarronamente, una pistola para amenazar o impresionar a alguien, y no dispara, más vale que le quite la mira o mirilla para no lastimarse cuando se la meta en el culo, que es lo único realmente edificante que puede hacer un fanfarrón con su pistola. •

La ocasión

Llevaba la blusa abierta
la casquivana Ruperta
cuando su novio la vio:
la llevó tras de una puerta
y, sin más, se la abrochó.

• Epigrama anónimo de carácter jocoso de doble sentido con connotación sexual: el verbo "abrochar" equivale a realizar el coito, además del muy común significado de cerrar, unir o ajustar con broches o botones. Lo recoge Armando Jiménez en su libro *Dichos y refranes de la picardía mexicana* (1982). El término "casquivana" (alegre de cascos, fácil para el sexo) es muy castellano, pero el epigrama es sin duda mexicano, probablemente de la primera mitad del siglo XX. •

Visión

¡Válgame san Juan Bautista
y también Judas Tadeo!
No sé qué tengo en la vista
que puros cabrones veo.

VARIANTE

¡Válgame san Juan Bautista
y también Judas Tadeo!
No sé qué tengo en la vista
que puros pendejos veo.

• Dicho o refrán popular, anónimo, del siglo XX, cuyo propósito es zaherir a los que llegan o a los que ya están en algún sitio en relación con el decidor o echador. •

No es lo mismo (1)

No es lo mismo
dos tazas de té
que dos tetazas.

• Juego de palabras anónimo y popular de vieja tradición. El pie "no es lo mismo" rige para todos los equívocos posibles, en relación con la semántica, al alterar el orden de los factores en un enunciado. Ejemplos: "no es lo mismo huele a traste que atrás te huele"; "no es lo mismo huevos de araña que aráñame los huevos"; "no es lo mismo la cómoda de tu hermana que acomódame a tu hermana"; "no es lo mismo tubérculo que ver tu culo", etcétera. Todo ello fruto sin duda del placentero ingenio de ociosos. •

No es lo mismo (2)

No es lo mismo Emeterio, Zacarías, Saturnino y Guajardo que meterlo, sacarlo, sacudirlo y guardarlo.

• Variante del anterior juego de palabras que lleva el mismo pie ("no es lo mismo"), en este caso lo que cambia el sentido no es el orden de los términos en el enunciado, sino la cuasi homofonía de las palabras. La expresión es, obviamente, alburera, y describe el ejercicio masculino en el acto sexual. El sonido de cada nombre propio tiene su correspondencia con un verbo (Emeterio = meterlo; Zacarías = sacarlo; Saturnino = sacudirlo; Guajardo = guardarlo) y de esta forma se consigue una eufonía muy graciosa que le da toda la eficacia sicalíptica. Es un estupendo ejemplo de la lírica popular burlesca del siglo XX. •

El zorrero

No va en la próxima cuerda
rumbo a las Islas Marías;
por tanto, los policías
seguirán oliendo a mierda.

• De este modo se burlaba un epigramista anónimo del cuerpo policia-
co que era incapaz de atrapar al llamado "zorrero": un ladrón de casas
que tenía el ritual de cagar o zurrarse en el sitio de sus robos (es decir,
dejaba "la marca del zorro"). Luego, muchos lo imitaron; de modo que
no era uno solo sino muchos zorreros zurradores. Desde principios del
siglo XX este tipo de ladrón puso a la policía en jaque, y aunque atrapa-
ban a unos, aparecían muchos más. Tal es el sentido de este epigrama
burlesco de la primera mitad del siglo XX, el cual recoge Armando Jimé-
nez en su *Nueva picardía mexicana* (1971). •

Bomba yucateca

Un yucateco cayó
de lo alto de una iglesia
y ni un hueso se rompió
porque cayó de cabeza.

• Las "bombas yucatecas" son coplas humorísticas octosilábicas de cua-
tro versos rimados que se dicen en las festividades durante la "jarana" en
Yucatán. Jarana es jolgorio o bullicio, y en los bailes típicos de Yucatán,
que se conocen como jaranas, hay pausas para que el decidor designa-
do "eche las bombas": versos chuscos o picarescos como los siguientes:
"Quisiera ser zapatito / pa' calzar tu lindo pie / y mirar de vez en cuando /
lo que el zapatito ve". La copla de esta página es autocrítica y de autoes-
carnio, con muy buen sentido del humor, pues es fama que los yucate-
cos son cabezones o de gran cabeza. A menos, claro, que no sea obra de
un yucateco, sino por el contrario de un escarnecedor de yucatecos. •

Entre Melón y Melames

Entre Melón y Melames
hicieron un guiso:
Melón guisó los nopales
y Melames el chorizo.

Entre Melón y Melaces
se apedrearon en el llano:
Melón le tiró con honda
y Melaces con la mano.

• De esta copla burlesca y procaz, de autoría anónima y carácter ma-
chista, existen muchísimas variantes que, sin embargo, no respetan la
rima que le da el mayor grado de gracia a la cuarteta. Dos ejemplos:
"Entre Melón y Melames / asaltaron a un bombero: / Melón le robó las
botas / y Melames la manguera"; "Entre Melón y Melames / robaron a un
policía: / Melón le quitó la placa / y Melames la macana". Pertenece al in-
genio lírico del siglo XX. •

La Manuela

Doña Manuela,
hágame un desprecio
aunque me duela.

• Albur del siglo XX típicamente machista. La manuela es la masturba-
ción hecha con la mano: *manoela* o *manuela*. •

La tiple y el soñador

El pobre soñador, sólo en secreto
adoraba a una tiple renombrada,
pero nunca pensó decirle nada
por miedo de mirarse en un aprieto.

A punto de tornarse en esqueleto
supo abordar a la mujer amada
y le propuso una calaverada
que no puede decirse en un soneto.

De un ensayo después, como a las cuatro,
a su tormento se llevó del teatro
y la invitó para tocarle... el piano,

pero a la tiple un rico allí esperaba,
y el pobre diablo, que candente estaba,
¡se hizo justicia... por su propia mano!

• Este soneto anónimo, referido a la masturbación, fue publicado en la revista *Frivolidades*, en 1913, según lo consigna Armando Jiménez en su libro *Dichos y refranes de la picardía mexicana* (1982). •

Libia y Salomé

La morena Libia
es tan ardiente
que hasta la tibia
tiene caliente.
Y la rubia Salomé
quema con el peroné.

Maximiliano Salazar Centella
(El Poeta del Crucero)

• Maximiliano Salazar Centella (Pueblo Nuevo, Tabasco, 1882-Mérida, Yucatán, 1972), mejor conocido como "El Poeta del Crucero", escribió poemas epigramáticos, satíricos y humorísticos que rayan en una comicidad ingenua. El de esta página representa muy bien su característico sentido del humor. •

Eso no está bueno

Don Pedro se comió un puerco
y cuando se lo acabó,
luego luego reventó,
por comelón y por terco.

Y al ver la suerte fatal
de aquel hombre tan gasmón,
su tío don Espiridión
se puso a beber mezcal.

Yo creo que eso no es pensar
ni tener nada de frente.
Lo que había de hacer la gente
era ponerse a rezar.

MARGARITO LEDESMA

• Leobino Zavala (Uriangato, Guanajuato, 1887-San Miguel de Allen-
de, Guanajuato, 1974) cultivó la poesía humorística y burlesca con el
seudónimo de Margarito Ledesma. Conocido como el "humorista invo-
luntario" en realidad fue un hombre de amplia cultura que jugó, con
gran destreza intelectual, a ser ingenuo, para regalar a los lectores una
lírica poco convencional: llena de guiños cultos y literarios a través de
las formas paródicas, satíricas y burlescas. Este poema forma parte de su
único libro dado a la imprenta: *Poesías* (1920). En el prólogo de la un-
décima edición de las *Poesías*, fechado en San Miguel de Allende el 28
de junio de 1971, el "Lic. Leobino Zavala" hace el juego más interesan-
te y regocijante al informar que desconoce el paradero del poeta: "Con
ansia inenarrable he estado esperando, durante esos largos años, recibir

de él [se refiere al sobrino-nieto del poeta, Herlindo Morales] alguna noticia relativa al paradero de Margarito Ledesma, y enorme ha sido mi desencanto cada vez que, al abrir una de sus misivas, sólo encuentro las composiciones que me envía y ningún informe acerca del lugar en que nuestro hombre ha ido a esconder sus penas o buscar un consuelo a sus inmensas amarguras". El término "gasmón" es mexicanismo: glotón, tragón. •

A gatas

Agua de las verdes matas,
tú me tumbas, tú me matas,
tú me haces andar a gatas.

• Expresión anónima y popular, de impecable y eficaz monorrima, que
alude al tequila, el mezcal y el pulque (provenientes del agave y el ma-
guey), y a los efectos que dichas bebidas producen durante la borra-
chera. •

Parodia

A comer y a misa
una vez se avisa.

*

A *coger y a misa*
una vez se avisa.

• Refrán, el primero, un tanto extraño, pues es por todos conocido que a misa se llama varias veces, mediante el repique de campanas; de hecho se hacen tres llamadas regulares: la primera, media hora antes de la celebración, la segunda quince minutos antes, y la tercera y última previo al inicio inmediato del oficio religioso. Quizá por esto la parodia se burla de expresión tan inexacta o tan tan tan tan tan tan (muchas campanadas) absurda. •

Soy como la baraja

Soy como la baraja.
Caraja.

Como que te puse una mano en la frente.
Tú me decías no seas imprudente.

Soy como la baraja.
Caraja.

Como que te puse una mano en la boca.
Tú me decías por ái me provoca.

Soy como la baraja.
Caraja.

Como que te puse una mano en el pecho.
Tú me decías por ái vas derecho.

• Esta cancioncilla, el siguiente refranero y las siguientes tres coplillas de inocente y gracioso doble sentido de connotación sexual provienen de personajes de *La feria* (1963), novela de Juan José Arreola (Zapotlán, Jalisco, 1918-Guadalajara, Jalisco, 2001) que tiene por escenario el pueblo natal del autor y los alrededores del lugar que posteriormente se convirtió en Ciudad Guzmán. Todas son inocencias pícaras y populares generalmente de confesionario. •

Refranero zapotlanense

–Chíngale ora manque mañana no vengas.
–Te callas, pulque, o te doy un trago.
–Mi padre era hombre; vendía tamales.
–Todavía ni te horcan y tú ya te estás encuerando.
–¡Sacudió el pico y siguió cantando...!

Vamos juntando virutas...

Vamos juntando virutas
en casa del carpintero;
las cambiamos por dinero
y nos vamos con las p...

Déjala, güevón

Déjala, guevón;
ponte a trabajar,
llévala a bañar,
cómprale jabón...

Preguntado Salomón...

Preguntado Salomón,
respondió como el recluta:
no es defecto ser carbón
cuando la mujer es fruta.

Eneas

Eneas, mi perro querido,
murió y, aunque no lo creas,
tanto, tanto lo he sentido,
que aun estando bien dormido
siento que me lame Eneas.

FRANCISCO LIGUORI

• Francisco Liguori (Orizaba, Veracruz, 1917-ciudad de México, 2003) fue abogado, poeta y ensayista que cultivó el epigrama satírico y el poema humorístico con gran fortuna. Fernando Díez de Urdanivia, su amigo, biógrafo y gran estudioso de su obra, publicó en 2009 el libro *Pancho Liguori: presencia de un poeta en el mundo del humor. Estudio histórico y antología*. Este epigrama, la siguiente décima y el posterior soneto son ejemplos notables del ingenio de Liguori, reproducidos de las versiones cuidadas y revisadas por Fernando Díez de Urdanivia y Carmen Bermejo. •

Los TV-ídolos

Ya prohibió Gobernación
los programas de violencia
pues lesiona la conciencia
su morbosa difusión.
Urge ampliar la prohibición
a ciertos genios locales
que inundan nuestros canales
y despiertan al mirarlos
los instintos criminales,
¡pues dan ganas de matarlos!

FRANCISCO LIGUORI

Inmoraleja

Tuve un amigo canijo
que leyó en un libro viejo
el saludable consejo
y lo siguió muy prolijo.

En su propósito fijo
pensó, viéndose al espejo:
"Seré feliz porque dejo
un libro, un árbol y un hijo".

Pero le salió mal todo,
pues, por irónico modo,
logró al fin de su jornada

un libro muy aburrido,
un árbol seco y torcido
y un hijo... de la tiznada.

FRANCISCO LIGUORI

Temblores

Señoras y señores:
¡al chile le dan temblores!

JOSÉ AGUSTÍN

• Dicho por Arturo, personaje del cuento "La mirada en el centro" del libro de José Agustín (1944) *No pases esta puerta* (1992). •

Entre iguales

Entre bomberos no nos pisamos la manguera.
Entre borrachos no nos decimos la verdad.
Entre políticos no nos robamos la cartera.
Entre culeros no nos perdemos la amistad.

*

Entre ladrones no hay jueces.
Entre culebras no hay víboras.
Entre chivos no hay cabrones.
Entre gatos no hay ratones.

*

Entre pintores, ¡no rayes!
Entre poetas, ¡no odas!

*

Puedes hablarme de tú,
que yo también rebuzno.

• Estas series de dichos o expresiones tienen el obvio propósito de seña-
lar que entre iguales los rufianes se respetan; como decir "perro no come
perro" o bien, más exactamente, como partir de los refranes castellanos
"entre gitanos no nos leemos las manos" y "entre bueyes no hay corna-
das", para adaptar su sentido en el pintoresco y alburero lenguaje local. •

En el día de tu santo

Quisiera del gallo el canto
y del burro el instrumento,
para tenértelo dentro
hoy que es día de tu santo.

RENATO LEDUC

• Esta coplilla de Renato Leduc (1895-1986) es en realidad una estrofa del parlamento en una breve y fragmentaria obra de teatro; por lo mismo, no forma parte del cuerpo de su *Obra literaria* (2000) que preparó la investigadora Edith Negrín. En el estudio introductorio de dicha *Obra*, Negrín cita estos versos al tiempo que informa lo siguiente: "Entre los papeles inéditos del escritor se encuentra parte de una obrita de teatro titulada *Faustino*, donde se parodia vagamente el *Fausto* de Goethe. Por la versificación y el uso de dichos populares, los personajes Faustino y Mefistófeles, más que la obra inspiradora, evocan la picardía de las pastorelas mexicanas tradicionales". •

Diálogo

—¡Qué te parece!
—¿Qué?
—¡Que cuanto más me lo jalas,
más me crece!

VARIANTE

—¡Qué te parece!
—¿Qué?
—¡Que mientras más me lo chupas
más me crece!

• Humorada alburera casi ingenua que sólo puede completarse satisfac-
toriamente si luego del primer verso hay un interlocutor que, cándida-
mente, responda: "¿qué?". A veces funciona. •

El cíclope

Yo tengo un cíclope amigo
con su gran ojo en la frente:
cada lágrima que vierte
se cuaja y se vuelve gente.

• Cuarteta anónima escuchada por Renato Leduc en un consultorio médico donde se atendían enfermedades venéreas en la ciudad de México. Lo refiere en su libro autobiográfico *Cuando éramos menos* (1979): "En una silla, en un rincón de la sala de espera, un tipo de fealdad monstruosa recitaba estos versos, mirándome con ojos diabólicamente sardónicos". La comparación del pene con un cíclope remite a la cultura clásica, pero en la cultura popular siempre ha tenido también este símil: "pescado de un ojo", "el chino tuerto", etcétera. •

Prietas color de piano

¡Ay!, prietas color de piano
que del rabo me trajeron,
no me presuman de léidas,
porque por ái me dijeron
que hoy andan echando eructos
y a lo mejor ni comieron.

• Copla burlesca y racista del siglo XIX, de carácter anónimo y popular,
que hace mofa de quienes se las dan de aristócratas siendo indias o mes-
tizas y, en consecuencia, pobres y muchas veces hambreadas. De áni-
mo revanchista y desdeñoso en el asunto de amores. La recoge Gabriel
Saldívar y Silva (Jiménez, Tamaulipas, 1909-ciudad de México, 1980)
en su libro póstumo *Refranero musical mexicano* (1983), y la acompaña
del siguiente comentario de J. M. Pérez: "En otros tiempos, los fabricantes
sólo hacían pianos barnizados de un color negro muy parecido al que
tienen algunos ciudadanos que se creen parientes del rubio Maximilia-
no, a pesar de ser más prietos que el huitlacoche". Hoy la expresión se
ha actualizado en la frase "prietas color de llanta" o, mejor aún, "güeras
color de llanta", para hacer más hiriente la incoherencia. •

El armaño

Si te vas a espantar de su tamaño
no preguntes qué cosa es el armaño.

*

Me dijo una señorita:
"Yo no sé qué es un armaño".
Y yo, de forma expedita,
se lo mostré en su tamaño.

• Este dístico y esta cuarteta se refieren a la conocida broma machista de connotación sexual en la que a un inocente se le pregunta "¿conoces el armaño?" y ante su respuesta negativa se le alburea del siguiente modo: "¡Es una verga de este tamaño!". También suele gastarse esta broma al novato de la oficina o del taller, que si no sabe qué es el "armaño", alguien lo manda con fulano a buscarlo: "Dile a Fulano que te dé el armaño". El Fulano lo rebota con otro, diciéndole: "El que lo tiene es Mengano; pídeselo a él", y su a vez Mengano le dice: "Por aquí estaba pero se lo llevó Perengano". Y así lo tienen de un lado para otro hasta que después de algún tiempo y mucha búsqueda, alguien le dice: "¡No seas pendejo: el armaño es una verga de este tamaño!". Esta invención alburera es probablemente de la segunda mitad del siglo XX en México, y la broma aún funciona porque hay gente ingenua que sigue sin saber lo que es un "armaño". En México "armaño" sólo tiene este sentido grosero, y como sustantivo común no designa absolutamente nada y únicamente es pie para el albur, a diferencia del nombre propio Armaño que en España es topónimo de un pequeño pueblo que pertenece al municipio de Cillorigo de Liébana en la comunidad autónoma de Cantabria. Allá, sin duda, sí encontraron el armaño. Una variante de esta broma machista es preguntar: "¿Ya viste la luca?", y cuando el cándido pregunta "¿cuál luca?", el alburero le responde: "Mi reata con peluca" o "mi chile con peluca". En algunos países de Sudamérica (Argentina, Uruguay), "luca" significa dinero en billetes; en México no significa nada, de ahí la gran probabilidad de tener éxito en la broma al sorprender al interlocutor con un término que jamás ha utilizado y a veces ni siquiera escuchado. •

¡Acelérale, chofer!...

¡Acelérale, chofer;
acelérale, chofer!,
que te viene persiguiendo
la mamá de tu mujer,
con la escoba de barrer
y la aguja de coser.
¡Acelérale, chofer;
acelérale, chofer!

• Coplilla más bien inocente, a pesar de su connotación burlesca. Los adolescentes e incluso los niños, que van en el transporte escolar, suelen recitarla a coro para divertirse a costa del chofer. Puede tener algunas leves variantes. •

¡Al chófer no se no se le para!...

¡Al chófer no se le para,
al chófer no se le para,
al chófer no se le paraaaaaaaaaaaaa...
no se le para el camión!

• Coplilla coral menos inocente que la anterior, pero igualmente bur-
lesca y, en este caso, sicalíptica. La entonan, como una cancioncilla re-
petitiva y monótona hasta el cansancio, los adolescentes que van en el
transporte escolar o en cualquier otro tipo de transporte colectivo en
los que se dirigen a una excursión placentera. En la cancioncilla el ter-
cer verso se alarga para al final rematar con la frase llena de picardía que
aparentemente destruye el sentido sicalíptico de la copla. En realidad,
se trata de una burla que se hace al chofer del autobús o camión (para
efectos de la métrica y la eufonía se pronuncia "chófer" y no "chofer"),
dando a entender que es impotente sexual y que, por tanto, no se le
para o no se le pone tieso el pene, sólo para después "aclarar" que lo
que no se le para es el camión. Por supuesto, al chofer no le hace ningu-
na gracia esta cancioncilla que invariablemente alguien (el más desma-
droso) comienza a entonar para que los demás le hagan segunda, pero
enfadarse con cuarenta adolescentes cuyas hormonas están en los más
altos niveles, no es lo más aconsejable para que dejen de cantar. Por eso
más le vale al chofer hacerse el sordo o el divertido. •

Oración

¡Oh, Señor, Señor, Señor!,
mándame pena y dolor,
mándame males añejos,
pero lidiar con pendejos,
¡no me lo mandes, Señor!

• Epigrama burlesco de carácter anónimo y correspondiente al siglo pasado. No requiere de mayor explicación. •

Indudable

No hay crudo sin humildad
ni pendejo sin portafolio.

VARIANTE

No hay crudo sin humildad
ni portafolio sin pendejo.

• Este dístico popular encierra una ley universal indiscutible, a menos, por supuesto, que algún pendejo quiera discutirla y, en tal caso, no está de más recordar el complemento que dice: "Mientras más grande el portafolio,/más pendejo el que lo carga". (No hay que olvidar que los diputados, funcionarios y políticos en general siempre tienen un chalán, un achichincle, un asistente o un zalamero profesional que les carga el portafolio.) En cuanto a la humildad del crudo, no hay nada que precisar. •

¡Al carajo!

¡Al carajo!, dijo un bajo
cuando lo estaban templando:
si no me saben tocar,
déjenme de estar chingando.

• Cuarteta anónima y popular que se usa como refrán y que revela la
molestia de alguien ante la falta de pericia de los inexpertos, los novatos
o los pendejos. La cita Armando Jiménez en sus *Dichos y refranes de la
picardía mexicana* (1982). •

Consejos

Aquel que no oye consejos
poco habrá de merecer;
mueren los hombres de viejos
y no acaban de aprender.
Dios dice *a matar pendejos*
y pendejos a nacer.

• Copla anónima que forma parte del legado histórico del son jarocho. La recogen Arturo Barradas Benítez y Patricia Barradas Saldaña en su estudio y compilación *Del hilo de mis sentido. La versada tradicional en el municipio de Playa Vicente, Veracruz* (2003). •

No es culpa de Dios

¿Y qué culpa tiene Dios
que sus hijos sean pendejos?

*

Según dice san Andrés:
si su cara es de pendejo,
lo es.

*

Si los pendejos voláramos,
taparíamos el sol.

*

Nos han quitado todo;
menos lo pendejo.

ALFONSO JIMÉNEZ ACOSTA

• Estos letreros son presumiblemente de la autoría o del oficio recopila-
dor de Alfonso Jiménez Acosta, alias *Totó*, plasmados en las bardas a la
entrada de su rancho El Fénix (ubicado en el kilómetro 4 de la carrete-
ra Misantla-Xalapa). •

Décimas del escusado para evacuar
con decencia

No hay que cansarse, mortales:
en obrar, no hay excepciones,
porque en todas las naciones
en esto son muy iguales.
De las materias fecales
todos hacemos morcilla,
y cuando la gana pilla
dando al intestino tono,
el Rey baja de su trono,
y el Papa deja su silla.

*

Si en comer eres decente,
y en el vestir y el hablar,
en el modo de evacuar
no te muestres indecente.
Manéjate muy prudente:
en el hueco o agujero
acomoda tu trasero,
todo en él, sin ensuciar
las tablas, que es regular
se porte así un caballero.

*

Soy infeliz inocente,
aunque a mí me abren los ojos.

Yo recojo los despojos
del juicioso y del demente.
Sirvo al hombre muy prudente
en la mejor ocasión,
soy de su conservación
instrumento apetecido:
mas después de haber servido
quedo de peor condición.

*

Nadie me podrá negar
que en el mundo no hay placer
más grande que el de comer
y después el de evacuar;
qué placer tan singular
que en él consiste la vida,
sin esto queda destruida
nuestra salud y existencia.
Este lugar con prudencia
a todo sexo convida.

*

Vázquez, Meléndez y Angulo,
todos los tres a nivel,
aseguran que el papel
es famoso para el culo.
Entra aquí con disimulo,
toma el papel con esmero,
si eres fino y caballero
y decente en el obrar,

III. De letrinas y retretes

El filósofo

Cuando la suerte se empeña
en joder al desgraciado,
por más que se limpie el culo
siempre le queda cagado.

• El tema de las deyecciones humanas y, especialmente, el de la defeca-
ción es en particular apasionante en todas las épocas de la cultura escrita.
La evacuación del vientre, la expulsión de las heces fecales y la orina, pero
muy particularmente la evacuación de la mierda o la caca, de la cagada
o la inmundicia, ocupan un lugar especial en el humor, el ingenio, la
sátira y la filosofía popular. Desde tiempos antiguos (los grafitos pom-
peyanos, por ejemplo) hasta la actualidad, pasando por la Edad Media,
son abundantes los escritos, generalmente anónimos (aunque también
firmados), sobre la necesidad de cagar y las reflexiones que se hacen du-
rante dicho menester. No hay cultura sin coprolalia ni sin coprografía, y
el ámbito íntimo y no tan íntimo en que se realiza la evacuación, remite
no sólo a la mierda sino también a la sexualidad. El tema ocupa incluso
estudios serios y sesudos que relacionan la mierda con el alma (¡y no se
diga con la política!), tales como el de Dominique Laporte, *Historia de
la mierda* (París, 1978). Las letrinas públicas, los retretes y no pocos li-
bros, periódicos y revistas están llenos de escritos sobre la mierda, sobre
la acción de zurrarse y sobre la actitud, no siempre pasiva, de los que
desalojan el vientre. El aforismo de esta página y los que siguen en esta
sección son buenos ejemplos de todo lo anterior. Hemos conformado
una crestomatía rica y surtida con los que, a nuestro juicio, tienen más
ingenio, humor, ironía y sarcasmo, además de destilar destreza o maes-
tría poética. Algunos de estos grafitos o letreros de letrina, todos muy
mexicanos, se popularizaron cuando Armando Jiménez los divulgó dig-
namente en *Picardía mexicana* (1960) y *Nueva picardía mexicana* (1971),
entre otros libros suyos, pero en general todos son del dominio público
y casi todos son obra de una mano anónima que, además de servir para
limpiar el trasero de su dueño, tuvo la encomienda (o la encomierda) de
dejar para la posteridad el pensamiento y el lirismo del músico, poeta y
loco, aparte de cagón. ¡Larga vida a la mierda! •

El economista

Al llegar este momento
me pongo a considerar
lo caro que está el sustento
y en lo que viene a parar.

• Grafiti de letrina anónimo y popular. •

lo deberás de llevar
para limpiarte el trasero.

*

Si por un raro accidente
te ensucias por presuroso,
o si fueras asqueroso,
aquí hay agua suficiente
y un excelente jabón;
en fin, tienes proporción
de salir limpio y aseado;
hazlo con mucho cuidado
si tienes educación.

• Estas seis magistrales décimas están escritas en el exconvento de la
Natividad, en Tepoztlán, Morelos, y las recoge César Abraham Nava-
rrete Vázquez en su blog *Palabras de viento*, estupenda bitácora de li-
teratura. A propósito de ellas explica lo siguiente: "En el municipio de
Tepoztlán, Morelos, se encuentra el exconvento de la Natividad, que
fue construido por los indígenas tepoztecos bajo los frailes dominicos, y
que hoy funge como museo. En la zona de los 'antiguos baños' se lee la
siguiente advertencia: 'Este salón y el siguiente fueron los baños de los
frailes; por eso, si observas con cuidado, verás en el muro de la ventana
un lavabo de piedra. En el siguiente salón están las letrinas. En el siglo
XIX (hace 150 años) el convento fue abandonado. Entonces alguien es-
cribió versos cómicos en las paredes. Ahora cuidamos mucho el con-
vento. Ojalá nadie vuelva a escribir en sus muros'. La composición a la
que se alude fue transcrita en seis letreros". Más allá de que sea verídica
la historia que los responsables del museo advierten, cabe señalar que las
seis décimas que se transcriben no son únicamente "versos cómicos",
sino obra de hábil poeta. El exconvento tepozteco, según se sabe, fue
cárcel y cuartel. Por ello, si no fue un fraile quien las escribió, debió ser
alguien muy versado, pues estas décimas tienen la maestría de un docto
en historia, gramática y poesía. •

Contrariedad

En vano busco un papel
para limpiar mis despojos:
tengo abiertos los tres ojos
y no puedo dar con él.

• En su *Picardía mexicana* (1960), Armando Jiménez define a Alberto Ituarte (de quien no tenemos más datos) como "otro repentista de la generación antepasada que también las improvisaba al vuelo". Y, a propósito de la cuarteta de esta página refiere que Ituarte "pasó cierta vez en una cantina por difícil trance: separado de sus amigos por un delgado muro que dividía la barra en que ellos se encontraban, del servicio sanitario en que él estaba, buscóse un papel cualquiera en los bolsillos, y no hallándolo les dirigió esa imploración que oyeron sus compañeros como venida del otro mundo". ¿Verdad o fantasía? Probablemente lo segundo. Por su parte, Joaquín Antonio Peñaloza la atribuye al poeta potosino Manuel José Othón (1858-1906) y la incluye en sus *Obras completas* (1997). Lo cierto es que esta cuarteta circula popularmente desde hace muchísimo tiempo con carácter anónimo, y como tal la consigna Gabriel Zaid en la sección "Letras de letrina" en su *Ómnibus de poesía mexicana* (1971). Podrá tener muchas paternidades, pero nada es seguro en este suelo tan inestable de la tradición del poema satírico o grosero cuando sus verdaderos autores (por pudor o convencionalismo) no los incluyeron ellos mismos en sus libros. Como sea, este tema viene desde Francisco de Quevedo y mucho antes. En *El Buscón*, el protagonista refiere, entre las desdichas que pasó en medio de rufianes en la cárcel: "en toda la noche no me habían dejado cerrar los ojos, a puro abrir los suyos". Es obvio que se refiere a que no había podido dormir por culpa de los pedos y el mal olor en la celda. Camilo José Cela traduce al español una barcarola que entonaban en lengua rusa los remeros del Volga: "El puente tiene tres ojos. / Yo tengo dos solamente, / pero si cuento el del culo / tengo los mismos que el puente". •

El agradecido

No hay gusto más complacido
ni gesto más singular
que un buen cigarro encendido
a la hora de cagar:
queda el culo agradecido
y la mierda en su lugar.

• Grafiti de letrina anónimo y popular. Quienes suelen fumar mientras están sentados en el trono saben sin duda a qué se refiere el anónimo y excelente poeta grafitero. •

El desprendido (1)

¡Qué triste es irse del mundo
y nada poder dejar!
Mas yo que soy buena gente,
aquí les dejo de almorzar.

• Grafiti de letrina anónimo y popular. La procacidad y la grosería (*gro-sero* viene de *grueso*) de este grafitero no impiden su buen oficio versificador. Pero es obvio que no le jaló a la palanca del agua. •

El poeta

Cuando me siento a zurrar
siempre me siento poeta,
o me da por dibujar
o tejerme una chaqueta.

• Grafiti de letrina anónimo y popular. Tejerse una chaqueta es mastur-
barse, es decir, jalársela. •

El valiente

En este mundo cabrón
donde habita tanta gente,
hace caca el más cagón
y se caga el más valiente.

• Grafiti de letrina anónimo y popular. •

El desprendido (2)

Se los digo en un susurro
ahora que estoy susurrando:
aquí les dejo este churro,
pueden ir desayunando.

• Grafiti de letrina anónimo y popular. Muy similar, en procacidad e in-
tención, al anterior, pues se trata de otro lírico grosero que no le jaló a la
palanca del agua, aunque también cabe decir (¿en su descargo?) que en
muchas de estas letrinas públicas (de terminales de autobuses especial-
mente) no hay agua para desalojar las heces o el conducto de desalojo
está tapado y la taza se encuentra rebosante de orines y excremento. •

El aguafiestas

Si tu padre fue pintor
y heredaste los pinceles,
¡píntale el culo a tu madre
y no pintes las paredes!

• Grafiti de letrina anónimo y popular. Lo más gracioso es que el aguafiestas tenga que usar también las paredes para expresar su amonestación. •

El alburero

Tú que te dices poeta
y en el aire las compones,
ven a hacerme una chaqueta
sin bajarme los calzones.

VARIANTE 1
Si te las das de poeta
y en el aire las compones,
ven a hacerme una chaqueta:
lo que salga te lo comes.

VARIANTE 2
Si haces cosas con la mano
y te las das de poeta,
ven y préstame esa mano
para hacerme una chaqueta.

RESPUESTA 1
Si crees que soy pendejo,
ven y tráeme a tu hermana,
préstamela una semana
y verás cómo la dejo.

RESPUESTA AL ANTERIOR
Aquí te presto a mi hermana:
la que traigo de campana.

• Grafiti de letrina anónimo y popular. •

El gallito inglés

Éste es el gallito inglés.
Míralo con disimulo.
Quítale el pico y los pies
y métetelo en el culo.

• Grafiti de letrina anónimo y popular. Lo difundió mayormente Armando Jiménez en su *Picardía mexicana* (1960), a grado tal que lo adoptó como insignia. •

El exagerado

¡Más de tres sacudidas
ya es chaqueta!

• Grafiti de letrina anónimo y popular. •

El vendedor de terror

Inútil cagar de aguilita:
hay ladillas voladoras.

• Grafiti de letrina anónimo y popular. Cagar de aguilita es acuclillarse
sobre el retrete, sin hacer contacto con las nalgas en él. •

El gourmet

Todo el arte de un cocinero
viene a parar a este agujero.

• Grafiti de letrina anónimo y popular. •

El hambreado

Qué pena es amar
sin ser amado,
pero más pena es cagar
sin haber almorzado.

• Grafiti de letrina anónimo y popular. •

El reprobado

Estudiar sin ser aprobado
es como limpiarse el culo
sin haber cagado.

• Grafiti de letrina anónimo y popular. •

El médico

El que quiera vivir sano,
madrugue a cagar temprano.

El suplicante

Se suplica, por favor,
tenga la galantería
de no dejar mercancía
encima del mostrador.

• Grafiti de letrina anónimo y popular. •

El indignado

Me causa risa y sorpresa
este aviso estrafalario,
pues debe saber la empresa
que el culo no tiene horario.

• Este letrero de letrina lo cita Armando Jiménez en su *Picardía mexica-na* (1960) y explica que se trata de un grafiti en la puerta del baño de un vagón de primera clase del ferrocarril en México, "escrito por un pasaje-ro, abajo de otro [es decir, de otro letrero, no de otro pasajero], redacta-do por la empresa, prohibiendo el uso del sanitario en las estaciones". •

El satisfecho

Comer es media vida
y cagar es vida entera.

• Refrán popular que también aparece como grafiti de letrina. Tiene an-
tecedentes ilustres ni más ni menos que en Francisco de Quevedo, quien
en *Gracias y desgracias del ojo del culo* (primera mitad del siglo XVII) ex-
presa insuperablemente esta misma idea: "No hay gusto más descansado
que después de haber cagado", y también, ahí mismo: "No hay contento
en esta vida que se pueda comparar al contento que es cagar". •

El gruñón

Caga feliz,
caga contento,
pero ¡cabrón,
cágate adentro!

• Grafiti de letrina anónimo y popular. •

El sabio

En este mundo matraca
de cagar nadie se escapa.
Caga el buey, caga la vaca
y caga también el Papa,
y hasta la mujer más guapa
se echa su kilo de caca.

• Grafiti de letrina anónimo y popular. •

El que avisa no es traidor

Por muy macho que te creas
o por valiente que te hagas,
al llegar aquí te cagas
o por lo menos te meas.

Que eres muy chingón, comentas,
y que te pelan la reata,
pero aquí sin más te sientas
a pujar como una beata.

• Grafiti de letrina anónimo y popular. •

El presumido

Aquí se caga,
aquí se mea,
y Pepe López
me la menea.

• Grafiti de letrina anónimo y popular. •

El ojo ciego

Las nalgas tienen un ojo
pero este ojo no ve.
No quieren ver el despojo
que tu nariz huele y ve.

• Grafiti de letrina anónimo y popular. •

IV. De letras y letrados

A un poetastro

Uno tras de otro huevo calentaba
cierta gallina clueca noche y día,
esperando sacar muy buena cría;
pero el huevo a la postre se enhueraba.

Cacareando una amiga la exhortaba
que abandonar el huevo convenía,
que el calor natural se le extinguía,
y lleve el diablo el pollo que sacaba.

Aplica el cuento, Momo, y advertido
no calientes conceptos, engañado
de tener buenos partos en tu nido:

porque aunque más y más hayas cloqueado,
el calor de la musa se ha extinguido,
y lleve el diablo el verso que has sacado.

MANUEL MARTÍNEZ DE NAVARRETE

• Manuel Martínez de Navarrete (Zamora, Michoacán, 1768-Tlalpu-jahua, Michoacán, 1809) fue párroco de la orden franciscana, además de periodista y poeta. Casi al final de su vida dio a conocer sus poemas lo mismo sacros que profanos, en el *Diario de México* del que fue fundador, y póstumamente, en 1823 su obra lírica se reunió bajo el título *Entrete-nimientos poéticos*. Perteneció a la escuela neoclásica. Este soneto burles-co y el fragmento satírico de la siguiente página revelan su capacidad para las lides que enfrentó con otros letrados. •

Caballo y perro

¿No eres tú de la turba maldiciente
capitán coceador, cuadrupedante?
¿No eres el mordedor más insolente
y del ajeno honor can vigilante?
¿Cómo, siendo caballo, allá en tu oriente,
te me volviste perro en un instante?
Metamorfosis tal que si la expongo
de caballo y de perro haré un diptongo.

MANUEL MARTÍNEZ DE NAVARRETE

El rebuznador de Argel

Al responder al Poblano
le contesta de camino
El Pensador Mexicano
a un miserable Argelino,
que rebuzna muy ufano.

Solamente le convino
al rebuznador de Argel
decir tanto desatino
en un pliego de papel.

JOSÉ JOAQUÍN FERNÁNDEZ DE LIZARDI

• José Joaquín Fernández de Lizardi (ciudad de México, 1776-1827), llamado también El Pensador Mexicano, fue educador, político y primer novelista de América, autor de *El Periquillo Sarniento* (1816). Lanzó este epigrama satírico contra un tal Fefaut el Argelino (obviamente un seudónimo), aprovechando la respuesta (es decir, "de camino", de paso) a Juan Nepomuceno Troncoso (1779-1830), escritor y periodista veracruzano radicado en Puebla, fundador y director del periódico *La Abeja Poblana*, que también había criticado a Fernández de Lizardi. El pliego del apócrifo Fefaut el Argelino lleva por título *No rebuznaron en balde el uno y el otro alcalde* (1820), que es refrán citado por Cervantes en el capítulo XXVII de la segunda parte del *Quijote*. El epigrama está recogido en el volumen X: *Folletos (1811-1820)* de las *Obras* (1981) de José Joaquín Fernández de Lizardi. •

Una lectura benéfica

Después de haber acabado
su descomunal comedia,
me quedé tan descansado
como si hubiera cagado
un mojón de vara y media.

SALVADOR DÍAZ MIRÓN

• En su *Picardía mexicana* (1960), Armando Jiménez atribuye este epi-
grama burlesco a Luis G. Urbina (1864-1934). Explica: "Luis G. Urbi-
na, el brillante literato de fines del pasado siglo [XIX] y principios del
presente [XX], dio su opinión sincera a un amigo que le había entregado
una obra suya para que la estudiara". Lo cierto es que dicho epigrama
no aparece en la poesía reunida de Urbina, lo cual no es sorprendente
tomando en cuenta que, en general, los epigramas burlescos casi siem-
pre los mantuvieron sus autores en secreto y jamás los incorporaron a
su obra "seria". Sin embargo, en las páginas de su *Anecdotario inédito*
(*Obras completas*, volumen XXIII: *Ficciones*, 1989), Alfonso Reyes (Mon-
terrey, 1889-ciudad de México, 1959) atribuye el epigrama a Salvador
Díaz Mirón (Veracruz, 1853-1928): con el título "Díaz Mirón y el come-
diógrafo", reproduce los cinco versos de esta página antecedidos de la
siguiente información: "Respuesta de Salvador Díaz Mirón a un pobre
señor que le envió, en solicitud de su juicio, el original de una come-
dia". Reyes hace esta anotación en su anecdotario el 13 de diciembre de
1958, tres décadas después de la muerte de Díaz Mirón. ¿A quién le falló
la memoria o la investigación: a Jiménez, a Reyes? El caso es que el epi-
grama tampoco aparece en la *Poesía completa* (1997) de Díaz Mirón pre-
parada por Manuel Sol. Por su carácter severo, Díaz Mirón parece mejor
candidato para la autoría, pero sea como fuere quizá ni siquiera él res-
pondió tal cosa al comediógrafo necesitado de opinión. Simplemente lo
dijo entre pares y el epigrama, ciertamente magistral, se hizo famoso. •

Apellido de estornudo

–¿Quién es el vate panzudo
de la Musa baladí
y apellido de estornudo?
     –Luchichí.

SALVADOR DÍAZ MIRÓN

• En su *Anecdotario inédito* (*Obras completas*, volumen XXIII: *Ficciones*, 1989), Alfonso Reyes (1889-1959) atribuye también este epigrama burlesco a Salvador Díaz Mirón (Veracruz, 1853-1928). La redacción de la anécdota de Reyes está fechada el 13 de diciembre de 1958. Reyes afirma que este epigrama lo escribió Díaz Mirón contra "José María Luchichí", pero en la historia de la literatura mexicana se registra el nombre de Ignacio M. Luchichí (1859-1918), que firmaba con los seudónimos "Alter Ego" y "Claudio Frollo". Es bastante probable que a este Luchichí se dirigiera el epigrama, y que por tanto la memoria no le fuera fiel a Reyes. Cabe decir también que Manuel Sol no recoge este texto en la *Poesía completa* (1997) de Díaz Mirón, por tanto la autoría, al igual que en el epigrama de la página anterior, está en entredicho. •

A un literato que se inconformó con el impresor

Te quejas de la impresión
de tu libro, buen Severo:
¡pues qué dirán los lectores
de la que ellos recibieron!

CELEDONIO JUNCO DE LA VEGA

• Este jocoso epigrama de Celedonio Junco de la Vega (1863-1948) lo cita su hijo, el también escritor y académico Alfonso Junco, en la semblanza que hace de su padre en el volumen *Semblanzas de académicos* (1975), en las Ediciones del Centenario de la Academia Mexicana. •

A un dramaturgo que durmió
al público

Yo no sé por qué tu drama
lleva por título *Insomnio*,
cuando en el acto primero
nos dormimos casi todos.

CELEDONIO JUNCO DE LA VEGA

• Otro epigrama jocoso de Celedonio Junco de la Vega (1863-1948),
igualmente citado por su hijo Alfonso en el volumen *Semblanzas de aca-
démicos* (1975). •

A falta de papel

Si te acomete irresistible gana
y te acontece falta de papel,
puedes usar tranquilamente del
Tesoro de la lengua castellana.

• También en las páginas de su *Anecdotario inédito* (*Obras completas*, volumen XXIII: *Ficciones*, 1989), Alfonso Reyes (1889-1959) transcribe este epigrama con la siguiente referencia: "En el *Ventanillo* (lugar excusado) colgamos un ejemplar del *Tesoro de la lengua castellana* de Cejador con una tarjeta que decía (¡ya sé quién la compuso!) el texto del epigrama". Reyes confiesa el pecado pero no revela el nombre del pecador. (Por lo que dice, es obvio que no fue él.) Julio Cejador y Frauca (Zaragoza, España, 1864-Madrid, España, 1927), el blanco de este epigrama, fue filólogo, lexicógrafo e historiador de la literatura española. Su obra más conocida es el *Tesoro de la lengua castellana* (1908-1914). Alfonso Reyes vivió en España (especialmente en Madrid) entre 1914 y 1924, y a esa época pertenece la anécdota sobre Cejador. En su *Anecdotario* refiere: "Enrique Díez-Canedo y yo nos entreteníamos en las burlas literarias contra Cejador", y es que, a decir de Reyes, "aunque ahorcó los hábitos, el exjesuita Julio Cejador y Frauca continuó siendo un cura lerdo, y aunque atiborrado de erudición, un ente cerril y sin criterio". Y, para retratarlo, cuenta la siguiente anécdota: "En su cátedra de latín procedía así: '¡Un puro al que me diga el supino del verbo tal!' Un día interrogaba a una señorita estudiante, y ella iba contestando acertadamente a cada pregunta. De pronto, se equivocó. Comentario del catedrático: ¡La has *cagao*!'". Ahora bien, si Reyes no es el autor del epigrama sobre Cejador, el sospechoso número uno es Enrique Díez-Canedo (Badajoz, España, 1879-ciudad de México, 1944). •

La urticaria

Por 1933 contraje en el Brasil una tremebunda urticaria. El padecimiento fue a dar a donde menos debía, o para decirlo con el romance viejo del rey don Rodrigo, el que perdió a España por su desordenado amor a la Cava, yo también hubiera podido exclamar:

> *Ya me comen, ya me comen*
> *por do más pecado había.*

El miembro se me hincó y creció como una trompa de elefante, y el picor, ardiente e insoportable, me causaba durante las noches un verdadero frenesí. Puse tristemente mi aparato en manos del facultativo, y

—Doctor —le dije—, quítele la comezón y déjele la dimensión...

Ya se ve, era demasiado pedir.

ALFONSO REYES

• Alfonso Reyes (1889-1959) recoge esta anécdota festiva en *El licencioso y otras páginas* (*Obras completas*, volumen XXIII: *Ficciones*, 1989). Esta recordación de su mucho pedir la fecha Reyes, en México, el 7 de julio de 1957. •

Alfonsecuente

Tanto me ha dicho la gente
que me voy a arrepentir,
y yo tan Alfonsecuente
me lo he dejado decir.

ALFONSO REYES

• Autoescarnio festivo que Alfonso Reyes (1889-1959) incluye en las páginas de su librito *Briznas* (*Obras completas*, volumen XXIII: *Ficciones*, 1989), como parodia del "ronsardelette" de Pierre de Ronsard, y explica: "El 'ronsardelette' no es más que un capricho, como éste mío, que un asno me censuró por ahí, un 'gaviota' de las letras mexicanas, para usar el término del Politécnico". •

Salutaciones de año nuevo
1960

Doce veces menstruó cincuenta y nueve:
¡Y en tanto, tú, vencido y cabizbajo,
discurrías meciendo ese badajo
que ningún repicar yergue o conmueve!

¡Oh, cuán la vida nos resulta breve
para cortarle a la epopeya un gajo!
¡Qué pronto desistió de su trabajo
este huevón que no hace lo que debe!

Inútil es que invítenlo o lo llamen,
exhorten, amenacen o supliquen,
froten, estrujen, rueguen o reclamen.

Perezoso y undívago cual liquen,
no pediremos ya que nos lo mamen,
sino —siquiera— que nos lo mastiquen.

SALVADOR NOVO, *para Alfonso,*
en espera de respuesta.

SALVADOR NOVO

Misiva a Salvador

¡Ay, Salvador, no seas impaciente,
que así recela y se amedrenta el nabo!
Y el que a ratos se ponga negligente
es más viejo que "préstame un ochavo".

Confirma Ovidio que ello es muy frecuente,
porque Juanito al fin no es nuestro esclavo:
vive su vida propia, independiente,
y eso yo me lo sé "de cabo a rabo".

"Es al ñudo" —que dice el argentino—
sacudir a Juanito cuando duerme,
que así mueren las civilizaciones.

Prudencia, Salvador, prudencia y tino:
huye el combate cuando estés inerme
y da un poco de paz a los cojones.
        A. R. 12-XI-1959.

ALFONSO REYES

• Estos dos sonetos (el primero de Salvador Novo y el segundo, de Alfonso Reyes, para responder al primero) constituyen las dos páginas finales del volumen XXIII de las *Obras completas* de Alfonso Reyes que, bajo el título general de *Ficciones*, se publicó en 1989 para celebrar el centenario natal del gran escritor regiomontano. Novo acostumbraba escribir este tipo de sonetos para despedir el año y recibir el nuevo, y solía enviárselos a sus amigos. Como lo hace evidente, al final de su texto, "1960" se lo envía a Alfonso Reyes y le solicita respuesta. Reyes, efectivamente, le responde con otro soneto en el mismo tono impúdico y procaz de Novo, y una de las cosas significativas de este texto de Reyes, además de su maestría en la versificación, es el hecho de que, probablemente, sea el último poema que escribió (el 12 de noviembre de 1959), pues mes y medio después (el 27 de diciembre de 1959) moriría en la ciudad de México víctima de un paro cardiaco. •

Otra salutación de año nuevo

A mi queridísimo compadre don Agustín
Arroyo Ch. para desearle muy feliz año
nuevo, después de leer su salutación a
1967 en la 1ª plana de El Nacional.

En este comienzo de año
que sus misterios alberga,
rememoro al ermitaño
que no vestido de paño,
sino envuelto en pobre jerga,
sólo desciende cada año
a que le pelen la verga.

¡Compadrito! ¡Vaya carga!
Me llena de sobresalto
ir "con el pendón en alto
y en el brazo, con la adarga".
¡Mire si será monserga
lo mismo aquí que en Pisuerga!
Pues es mi esperanza amarga
que nos halle el Año Nuevo
con decadencia de huevo
¡y abatimiento de verga!

¿Enfrentarnos con la adarga?
¿No es errata por aderga?
¡No me la fiéis tan larga!
Voy —como el buen ermitaño

lo hacía año con año—
a ver quién jijos me asperga
lo que usted llama la adarga,
y el diccionario, la verga.

SALVADOR NOVO

• Este poema procaz forma parte de las salutaciones de año nuevo que solía enviar Salvador Novo a sus amigos. Se explica por sí solo. •

A Antonio Castro Leal
excusándose de dar una conferencia
sobre dos pendejos

Antonio, me he metido en la memoria
los viajes de Fidel, la Callejera
Musa deste señor cuya sesera
unge en laurel la mexicana gloria.

Tantos sopitos, tanta pepitoria:
¿cómo condimentara y los sirviera
en una conferencia que no fuera
digna más del figón que de la historia?

En léxico vernáculo, me rajo.
Si con el Nigromántico me meto,
sospecho que será del mismo hatajo.

Mandemos, pues, henchidos de respeto,
don Ignacio Ramírez al carajo
y a la chingada a don Guillermo Prieto.

SALVADOR NOVO

• Éste es uno de los sonetos mordaces más celebrados de Novo, y sin duda uno de los mejores entre los muchos muy extraordinarios que escribió con este tono ferozmente satírico en el cual era un maestro consumado. Ignacio Ramírez (1818-1879), llamado "El Nigromante", y Guillermo Prieto (1818-1897), que usó el seudónimo "Fidel", no eran —como es obvio— escritores de la devoción de Novo. •

Teixidor compila *Anuarios bibliográficos*

Se dice que ya es tan baja
nuestra producción hoy día,
que toda bibliografía
resulta llena de paja.
Ya empezadas, ¿quién se raja?
Del anuario a la mortaja,
fichas baraja y baraja
don Felipe Teixidor,
sin reparar que en su ardor
se está teixiendo la paja.

SALVADOR NOVO

• Felipe Teixidor (Barcelona, España, 1895-ciudad de México, 1980) fue bibliógrafo, escritor y editor que vivió en México desde 1919 y realizó una labor encomiable. Fue administrador de la revista *Contemporáneos*, publicación del grupo al que pertenecía Salvador Novo. Esta décima mordaz, aunque no lo parezca, es décima de amigo. Novo era muy dado a estas burlas en verso, y ésta en particular tiene como motivo el *Anuario bibliográfico* en el que Teixidor ocupaba parte de su tiempo y sus oficios. Siendo que "tejerse la paja" o "hacerse la paja" es masturbarse, jugando con el apellido de don Felipe y con el hecho de que muchos libros sean pura paja, Novo se ríe de buena gana de lo que considera una puñeta o una chaqueta intelectual de su amigo que, con este tipo de ejercicios, lo único que hacía era perder el tiempo entregado a su muy íntimo placer. •

El *Colón* de Fernando Benítez

No escribas obras tan raras
¡y no las dirijas Ruelas!
Porque en vez de carabelas
te resultan velas caras.

¿Quién lo metió en tal aprieto?
¿O quién es su contertulio?
¿No lo sospechas? Fue Julio
Prieto.

La carabela aguerrida
luce en todo su esplendor
y tiene el palo mayor
que pueda echarse en la vida.

Porque ya estaba en un tris la
historia de ser de Herodes,
Colón fue a dar a la Isla
de Guanahani la jodes.

La obrita no está tan mala,
y declaro, sin ambages,
que es de pocos personajes
si no en el foro, en la sala.

¡Qué bien lucía Miguel
en la posada posado,
su trasero disfrazado
del de Prudencia Griffell!

¶ Tras el intermedio o pausa,
en honor de Luis Garrido,
sale Cristóbal vestido
de doctor honoris causa.

Tan oneroso dramón
con un asunto tan nuevo
les sale costando un huevo
(claro está que de Colón).

La cosa fuera perfeta
si en su desesperación
desembarcara Colón
sus huestes en la luneta.

Venites, vites, vencites,
¡qué dijites!, ¿qué hay de nuevo?,
esto del teatro es el huevo
de Colón —y ya lo vites
que no hay de huevo, Benítez.

SALVADOR NOVO

• Salvador Novo escribe esta crónica teatral en verso para burlarse del estrepitoso fracaso como dramaturgo del escritor y periodista Fernando Benítez (ciudad de México, 1912-2000). Benítez incursionó en diversos géneros: la novela, la crónica, el reportaje, el ensayo y la investigación histórica y antropológica, y entre sus libros más conocidos están *El agua envenenada*, *El rey viejo*, *La ruta de Hernán Cortés* y, sobre todo, *Los indios de México*, pero su iniciación en el teatro fue un fracaso absoluto. Debut y despedida con su obra *Cristóbal Colón*, de la cual Novo hace feroz y regocijante escarnio a propósito del estreno en el Palacio de Bellas Artes. Benítez fue, además, fundador y director de suplementos culturales: *México en la Cultura* (del diario *Novedades*), *La Cultura en México* (de la revista *Siempre!*) y *Sábado* (del diario *Unomásuno*). Su *Cristóbal Colón* (1951) está considerado incluso por el propio Benítez como "el fracaso teatral más grave que recuerda la historia de este arte en México". Muchos años después, en 1985, pudo tomarlo con humor y decir: "me salvé de ser linchado y de que se incendiara el Teatro de Bellas Artes, porque todos dormían profundamente las cuatro horas de la representación", pero en su momento las burlas que padeció no fueron —para él— cosa de risa, aunque sí para los demás. En su libro *Los pasos de Jorge* (referido a Ibargüengoitia), Vicente Leñero toca tangencialmente el tema y afirma: "Escritores de la talla de Fernando Benítez o de Juan García Ponce han quedado traumados después de sus respectivos fracasos teatrales. Benítez lo sufrió rotundo en septiembre de 1951 con el estreno en el Palacio de Bellas Artes de su *Cristóbal Colón* dirigido por Enrique Ruelas. Fue la única obra que escribió y, en venganza, prácticamente borró el tema Teatro de los suplementos culturales que se dedicó a dirigir después". Enrique Ruelas (1913-1987) fue director teatral y profesor de arte dramático, además de guionista de cine. Julio Prieto (1912-1977), el contertulio de Benítez al que se refiere Novo, fue ilustrador y escenógrafo, y de hecho ilustró la edición de la obra de teatro de su amigo. Prudencia Griffel (1879-1970) fue actriz y tiple cómica nacida en España que llegó a México en 1904 y trabajó en múltiples operetas y zarzuelas. Luis Garrido (1898-1973) era rector de la UNAM en 1951. La expresión coloquial "el huevo de Colón" se refiere a todo aquello que aparenta mucha dificultad y que sin embargo resulta muy fácil cuando ya se ha conocido su artificio, y deriva de una dudosa anécdota del propio Colón (referida por Girolamo Benzoni en su *Historia del Nuevo Mundo*) en la que el navegante genovés consigue, frente a sus detractores, que un huevo quede en posición vertical luego de golpearlo sutilmente sobre una mesa. •

A José Bergamín

¿Cambias de opinión, al fin,
o niegas lo que sostienes?
O te falta Bergamín
o te sobra la que tienes.

XAVIER VILLAURRUTIA

• Miguel Capistrán (*La Jornada*, 27 de marzo de 2003) refiere que "a la llegada de la inmigración republicana española [1939], ante la serie de privilegios y atenciones que recibieron los escritores peninsulares ocurrió una serie de acontecimientos que derivaron en dimes y diretes entre mexicanos y españoles, de los cuales lo más destacado fue la impresión, en forma de hoja volante, de una *Flor de epigramas en el tricentenario de la muerte de don Juan Ruiz de Alarcón, 1639-1939*, de la cual fue autor Xavier Villaurrutia (1903-1950), quien entre otras cosas decía: 'Don Juan pretendió un empleo/en España, es la verdad;/mas en lograr su deseo/tardó una eternidad./Con tanta facilidad/en cambio los emigrados/en la Colonia empleados/se miran que, por los hechos,/se consideran derechos/en tierra de corcovados'. Se sabe que José Bergamín (Madrid, 1895-San Sebastián, 1983), uno de los inmigrantes, respondió a estas invectivas villaurrutianas, por lo cual Xavier Villaurrutia a su vez compuso algunos otros epigramas sueltos y de difusión oral". El de esta página (que hace un juego de palabras con el apellido Bergamín y el sustantivo sicalíptico "verga") es uno de ellos, conservado en el archivo y en la memoria de don José Manuel Delgado, gran amigo de Villaurrutia, según lo consigna Capistrán. •

Max Aubxilio

Si viene Jacinto Grau
a interrumpir nuestro idilio,
tendremos que pedir au-
xilio.

Y si el que viene es Max Aub,
pediremos Max Aub-xilio.

Enrique Díez-Canedo
y Juan José Domenchina

• En su *Anecdotario inédito* (*Obras completas*, volumen XXIII: *Ficciones*, 1989), Alfonso Reyes (1889-1959) consigna esta sátira burlesca amisto-sa contra Jacinto Grau (Barcelona, España, 1877-Buenos Aires, Argen-tina, 1958) y Max Aub (París, Francia, 1903-ciudad de México, 1972), cuya primera estrofa atribuye a Enrique Díez-Canedo (1879-1944) y el complemento a Juan José Domenchina (Madrid, 1898-ciudad de Mé-xico, 1959). Era indudable su camaradería y se gastaban muy creativas bromas intelectuales. •

Atenta solicitud

Renato:
olvidando las leyes del recato
llego a tu palacete
cuete,
¿qué le vamos a hacer?
Y es preciso
que en prenda de atenciones,
debidas a mi enjundia y mi linaje,
me prestes sin demora dos tostones
para comprar un piano y un tompeate...

MIGUEL OTHÓN ROBLEDO

• De vida muy corta y azarosa, Miguel Othón Robledo (Tequila, Jalisco, 1895-ciudad de México, 1922) fue amigo de Renato Leduc. En su libro *Historia de lo inmediato* (1984), Leduc dedica un capítulo a este "poeta olvidado", y en *Renato por Leduc* (1982) le refiere a José Ramón Garmabella detalles de la desdichada existencia de este vate jalisciense que, "con el cuento de que había nacido en Tequila, le hacía honor a su tierra embriagándose con el producto del agave". Muy seguido buscaba a sus amigos para sablearlos, es decir, para pedirles dinero y seguir bebiendo, y a veces les pedía el dinero mediante versos, como los de esta página, que le recitó a Leduc cuando fue a buscarlo a su oficina de la Secretaría de Comunicaciones. Acerca de su muerte, cuenta Leduc que Robledo "un día cualquiera cayó para no levantarse más en una cantina". •

Más papel

Dicen que un autor novel
nacido en mi propia tierra,
pidiéndole un juicio fiel
dio su libro a Justo Sierra.

Mas como el tiempo pasó
y tal juicio no obtenía,
el autor se decidió
a ver a don Justo un día,

e inquirió al autor adusto
el joven con gran zozobra:
—¿Ya ha terminado mi obra?
¿Acabó el libro, don Justo?

Y Sierra ante esas congojas
le contestó a aquel mancebo:
—Me quedan muy pocas hojas...
¿Puede mandarme uno nuevo?

TOMÁS PERRÍN

• Tomás Perrín (ciudad de México, 1914-1985), actor, locutor y epi-
gramista fue sin duda un hombre de ingenio. En su *Picardía mexicana*
(1960), Armando Jiménez incluye esta jocosa anécdota en verso que,
según refiere, Perrín recreó a partir de un hecho verídico. Aun si sólo
fuera invención, el texto es memorable. •

V. Culta y erudita

Cinco sonetos de doméstico solaz

I

Inés, cuando te riñen por *bellaca*,
para disculpas no te falta *achaque*
porque dices que traque y que *barraque*;
conque sabes muy bien tapar la *caca*.

Si coges la parola, no hay *urraca*
que así la gorja de mal año *saque*;
y con tronidos, más que un *triquitraque*,
a todo el mundo aturdes cual *matraca*.

Ese bullicio todo lo *trabuca*,
ese embeleso todo lo *embeleca*;
mas aunque eres, Inés, tan mala *cuca*,

sabe mi amor muy bien lo que se *peca*:
y así con tu afición no se *embabuca*,
aunque eres zancarrón y yo de *Meca*.

II

Aunque eres, Teresilla, tan *muchacha*,
le das quehacer al pobre de *Camacho*,
porque dará tu disimulo un *chacho*
a aquel que se pintare más sin *tacha*.

¶ De los empleos que tu amor *despacha*
anda el triste cargado como un *macho*,
y tiene tan crecido ya el *penacho*
que ya no puede entrar si no se *agacha*.

Estás a hacerle burlas ya tan *ducha*,
y a salir de ellas bien estás tan *hecha*,
que de lo que tu vientre *desembucha*

sabes darle a entender, cuando *sospecha*,
que has hecho, por hacer su hacienda *mucha*,
de ajena siembra, suya la *cosecha*.

III

Inés, yo con tu amor me *refocilo*,
y viéndome querer me *regodeo*;
en mirar tu hermosura me *recreo*,
y cuando estás celosa me *reguilo*.

Si a otro miras, de celos me *aniquilo*,
y tiemblo de tu gracia y tu *meneo*;
porque sé, Inés, que tú con un *voleo*
no dejarás humor ni aun para *quilo*.

Cuando estás enojada no *resuello*,
cuando me das picones me *refino*,
cuando sales de casa no *reposo*;

¶ Y espero, Inés, que entre esto y entre *aquello*,
tu amor, acompañado de mi *vino*,
dé conmigo en la cama o en el *coso*.

IV

Vaya con Dios, Beatriz, el ser *estafa*,
que eso se te conoce hasta en el *tufo*;
mas no es razón que, siendo yo tu *rufo*,
les sirvas a otros gustos de *garrafa*.

Fíaste en que tu traza es quien te *zafa*
de mi cólera, cuando yo más *bufo*,
pues advierte, Beatriz, que si me *atufo*
te abriré en la cabeza tanta *rafa*.

¿Dime si es bien que el otro a ti te *estafe*
y, cuando por tu amor echo yo el *bofe*,
te vayas tú con ese *mequetrefe*,

y yo me vaya al Rollo o a *Getafe*
y sufra que el picaño de mí *mofe*
en afa, ufo, afe, ofe y *efe*?

V

Aunque presumes, Nise, que soy *tosco*
y que, cual palomilla, me *chamusco*,
yo te aseguro que tu luz no *busco*,
porque ya tus engaños *reconozco*.

¶ Y así, aunque en tus enredos más me *embosco*,
muy poco viene a ser lo que me *ofusco*,
porque si en el color soy algo *fusco*
soy en la condición mucho más *hosco*.

Lo que es de tus picones, no me *rasco*;
antes estoy con ellos ya tan *fresco*,
que te puedo servir de helar un *frasco*:

que a darte nieve sólo me *enternezco*;
y así, Nise, no pienses darme *chasco*,
porque yo sé muy bien lo que me *pesco*.

SOR JUANA INÉS DE LA CRUZ

• Sor Juana Inés de la Cruz o Juana de Asbaje (San Miguel Nepantla, México, 1648-ciudad de México, 1695) es única, excepcional y nos atreveríamos a usar el adjetivo "sobrenatural" que, con arte de metáfora, le aplicaron los más altos espíritus e intelectos a lo largo de más de tres siglos. Su obra en verso y en prosa es incomparable no sólo en la Nueva España sino en todo el ámbito de la lengua española. Su inteligencia y su sensibilidad superan, con mucho, a cualquiera en su época y en el presente. Sus romances, sonetos, endechas, décimas, glosas, liras, redondillas, silvas, etcétera, son obra de perfección, y no se quedan a la zaga sus villancicos y letras sacras, sus autos y loas, sus comedias y sainetes y, en la prosa, su prodigioso alegato intelectual *Respuesta a sor Filotea de la Cruz*. En las manos de sor Juana todo es oro, incluso estos excepcionales sonetos burlescos y satíricos, muy atrevidos no sólo por el hecho de ser escritos por una mujer (cuando la mujer padecía todas las opresiones imaginables), sino por una mujer que, además, era monja jerónima. Los hombres, incluidos los clérigos, eran los que podían permitirse los torneos maldicientes y groseros (Quevedo y Góngora, como ejemplos supremos) en los llamados Siglos de Oro de la literatura española a los que también pertenece sor Juana. En las notas a las *Obras completas* (México, 1951-1957) de sor Juana, Alfonso Méndez Plancarte señala lo siguiente a propósito de estos cinco sonetos burlescos de pie forzado: "Este doméstico solaz debe fecharse entre 1665 y 67. Ante su sal picaresca y aun demasiado gruesa —inferior a su decoro—, no hay que olvidar los tiempos". Por supuesto, sor Juana siempre estuvo a la altura de las más altas inteligencias de su tiempo y se permitió cuanto quiso, siempre bien merecido. Estos cinco sonetos más el epigrama que sigue demuestran que su genio y su ingenio eran sin duda excepcionales. •

Epigrama en que descubre digna estirpe a un borracho linajudo

Porque tu sangre se sepa,
cuentas a todos, Alfeo,
que eres de Reyes. Yo creo
que eres de muy buena cepa;
y que, pues a cuantos topas
con esos Reyes enfadas,
que, más que Reyes de Espadas,
debieron de ser de Copas.

SOR JUANA INÉS DE LA CRUZ

El talento

Talento no te falta:
Te falta, Pedro,
el que necesitabas
para tenerlo.
Si acaso puedes,
por el que te hace falta
cambia el que tienes.

• Epigrama atribuido a un crítico, que no se nombra, citado por José Justo Gómez de la Cortina (ciudad de México, 1799-1860) y que bien pudiera ser suyo. Lo cita en el cuerpo de un artículo en elogio a las poesías de José Joaquín Pesado (Puebla, 1801-ciudad de México, 1861) que apareció en *El Zurriago*, "periódico científico, literario e industrial", publicado en la ciudad de México el 2 de septiembre de 1839. Para hacer mayor el elogio a la obra poética de Pesado, Gómez de la Cortina contrasta la maestría de Pesado con la facilidad versificadora de mucha gente. Al citar el epigrama, sentencia: "Nunca nos cansaremos de repetirlo: no hay cosa más fácil que hacer versos; para ello basta acostumbrar el oído a la cadencia métrica; pero no hay cosa más difícil que ser poeta; para esto se necesita nacer poeta, y robustecer esta disposición natural con una instrucción muy vasta. Para sobresalir en cualquier ciencia, arte o profesión, no es suficiente el talento, como vulgarmente se entiende; es necesario el talento *ad hoc*, por cuya razón dijo un buen crítico a un poeta postizo:" [y aquí reproduce el epigrama]. •

Prometeo

Al formidable centauro Fernando Valdés Villarreal

ACTO I

PROMETEO, CRATOS, HEFESTOS

CRATOS (*a Prometeo*)

Por fin hemos llegado
al siniestro confín de Recabado.
Tú, padrote de putas miserables,
quedarás enclavado en esta roca,
un chancro fagedénico en tu boca
dejará cicatrices imborrables.

(*a Hefestos*)

Y tú, cojo cabrón, ya palideces
como si fueras a correr su suerte.
Átalo pronto, que si no, mereces,
¡oh, pendejo inmortal, que te dé muerte!

HEFESTOS (*para sí*)

Yo no tengo la culpa de apreciarle,
juntos corrimos memorable juerga.
¡Oh, miseria! ¡Oh, dolor! Tener que atarle
de pies y manos, de pescuezo y verga.

¿Acabarás, por fin, con la tarea
que Zeus te encomendó?...

HEFESTOS

¡Que yo no vea
realizarse mis fúnebres temores!...

CRATOS

Déjate de lamentos y clamores.
Y di ¿qué es lo que temes, insensato?,
¿acaso quieres que valor te preste?

HEFESTOS (*profético*)

Que no te llegue el doloroso rato
que estás haciendo padecer a éste;
que tu pene inmortal no se convierta
en huachinango con la boca abierta;
que tu miembro viril erecto y seco
no escurra nunca pasta de pebeco.

CRATOS

¿Qué palabras fatídicas brotaron
del cerco de tus dientes, desdichado?
Jamás los vaticinios me asustaron
porque el ánimo tengo bien templado.
No cumplida verás tu predicción.

Yo nunca voy con putas de a tostón.
Además, en las aguas del Pocito
invulnerable se volvió mi pito.

HEFESTOS

No te jactes, ¡oh, Cratos!, del telúrico
miembro viril que te obsequió Natura,
mira que hay chancros de ácido sulfúrico
que polvo vuelven a la piedra dura.

CRATOS

No me asustas, no soy de tus pendejos;
abstente de dictar nuevos consejos
y acaba de forjar esas cadenas...

HEFESTOS

Bien forjadas están, mayores penas
sufre quien forja que quien sólo manda
con duro acento...

CRATOS (*a Prometeo*)

...Anda
Titánida feroz, lleno de dolo,
¡decláranos la guerra!
Desciende hasta la Tierra
donde viven los hombres cual lombrices
y enséñales placeres que tan sólo
reservados están a los felices.

Si a las Efímeras piedad te mueve,
enséñalas a hacer sesenta y nueve.

Titánida feroz, lleno de dolo,
aquí te vas a ver jodido y solo,
que las putas de lengua articulada
nada pueden hacer, no pueden nada...

(*vanse*)

ACTO II

PROMETEO, HERMES, CORO DE OCÉANIDAS

PROMETEO (*encadenado, se dirige a los elementos*)

¡Éter sulfúrico, bebidas embriagantes,
claros raudales de tequila Sauza;
vedme sujeto a pruebas torturantes
y sin saber siquiera por qué causa!

¡Oh, *twenty dollars coin* que ruedas mansamente
por el tapete azul del infinito;
vástago de Hiperión, dios igniscente,
apaga los ardores de mi pito!

Tú, que brindas tu luz a los mortales
cual cerúlea linterna,
mírame padecer horrendos males...
Como la Hidra de Lerna
llevo en mi sangre gérmenes fatales.

¶ Tierra nutricia, asfalto de la calle,
soñoliento gendarme de la esquina,
impide que la inquina
de Zeus Cronida sobre mí restalle.

(escuchando un batir de alas que se aproxima)

Alguien viene. ¿Quién es? ¿Baja del cielo
un inmortal para tomarme el pelo?

CORO DE OCEÁNIDAS

Desdichado Titán, hemos venido
veloces desde el fondo del Océano
para tenderte una piadosa mano
en el momento en que te ves jodido.

Relátanos por qué quiso el Cronida
tenerte así, con la cabeza erguida,
con los brazos en cruz y ¡oh, cruel tirano!
con un falo metido por el ano.

Refiérenos también, uno por uno,
los pormenores de tu cruel suplicio.
¿Por el chiquito te cogiste a Juno?
¿Rompiste sin querer el orificio
ambrosiano y sutil, por donde mea,
a la divina Palas Atenea?...

PROMETEO

¡Oh, prole innumerable de Pánfilo Zendejas!
Ya que piadosas escucháis mis quejas,

ya que venís del fondo del Océano
para tenderme una piadosa mano,
os voy a referir por qué delito
quiso el Cronida cercenarme el pito.

Los hombres miserables por el monte
vagaban, persiguiendo a las mujeres,
y su coito tenía los caracteres
que tiene el coito del iguanodonte.

Yo los vi cohabitar en las cavernas
sin un petate en qué tender las piernas,
sin otra almohada que la roca dura.
Tan sólo conocían una postura
para efectuar el acto del amor...

Transido de dolor
yo enseñé a los mortales industriosos
cuarenta y seis manera de joder.

Sabiamente les hice comprender
que en esto de los lances amorosos
se llega al *non plus ultra* del placer
dando cierta postura a la mujer.

Por mí supieron que el sesenta y nueve
obedece a las leyes del Clynamen;
porque yo lo enseñé, ahora mueve
cualquier mujer el blando caderamen.

Mi enseñanza cundió por el Urano
y jodieron hermano con hermana

y los dioses sintieron en el ano
*una sensual hiperestesia humana.**

Tal es, dulces deidades, mi delito;
tal es el crimen de que se me acusa;
por él se quiere convertirme el pito
en una inútil cafetera rusa.

OCEÁNIDA

Desdichado Titán, te he de decir
que por falta de pena no habrás mengua.
Confórmate que allá en el porvenir
lo que habrás menester será la lengua.

PROMETEO

Si me hubiera tejido la puñeta
no sintiera el dolor de que taladre
mi canal uretral la espiroqueta...

(*a Hermes que llega*)

Mensajero fatal, ¡chinga a tu madre!

HERMES (*cantando*)

Tal parece que estás arrepentido...

* Verso de Rubén Darío, del poema *Cantos de vida y esperanza*.

¡Oh, Zeus, tirano fementido,
sé que voy a sufrir y me conformo!...

LAS OCEÁNIDAS (*retirándose*)

¡Qué olor tan espantoso a yodoformo!...

PROMETEO (*bajo el bisturí de Hermes*)

¡Ay!...

OCEÁNIDAS (*en la lejanía*)

¡Qué caray!... ¡Qué caray!...

RENATO LEDUC

• Renato Leduc (ciudad de México, 1895-1986) es uno de los grandes poetas mexicanos. Octavio Paz le dedicó este elogio: "Renato Leduc supo oír y recoger, como un caracol marino, el oleaje urbano; también supo transformarlo, con humor y melancolía, en breves e intensos poemas". El elogio de Paz lo define maravillosamente. Leduc es uno de los bardos mexicanos que le ha cantado al amor y a la desgracia, a la felicidad y a la soledad de un modo memorable. Todo ello siempre con humor. Pero su poesía "seria" (por decirlo de algún modo) está estrechamente ligada a sus famosos poemas interdictos, especialmente el "Prometeo" (1934) y "La odisea" (1940) que, durante mucho tiempo, circularon en mecanuscritos mimeografiados y en fotocopias en bares y cantinas, no siempre transcritos fielmente y a veces sin el crédito correspondiente de su autor. Esto cambió por fortuna, pues en 1979 el autor reunió y prologó dichos poemas y, en 2000, la investigadora Edith Negrín, con el apoyo de Patricia Leduc (hija del poeta), compiló la *Obra literaria* de quien es uno de los fundadores de la modernidad lírica mexicana y devolvió al "Prometeo" (conocido popularmente como "El

Prometeo sifilítico"), "La odisea" y los cinco sonetos didácticos de "Euclidiana" (1968) la dignidad editorial que merecen estas obras maestras del humor y la procacidad elevada a la altura del arte. En el "Prometeo" de Leduc el héroe es castigado por los dioses (que le mandan las enfermedades venero-sifilíticas) por haber enseñado a los mortales los placeres del coito. Es un poema insuperable en su estilo helenístico, en su humor sicalíptico y en su maestría verbal. El Pánfilo Zendejas que se menciona en el poema se refiere al creador de un supuesto remedio antisifilítico llamado "Específico Zendejas" que se anunciaba en la prensa mexicana entre 1919 y 1935, pues la sífilis hacía estragos en los visitantes frecuentes de los burdeles (Ramón López Velarde, entre ellos), y la penicilina, en producción industrializada, sólo vendría a salvar a los infectados a partir de 1941. El "Prometeo" de Leduc merece sin duda el calificativo de "clásico" y no precisamente por el tema, sino porque es modelo de la gran poesía de este género procaz. Por cierto, Leduc dirá en 1979: "También escribí y perdí una 'Cólera de Aquiles', dedicada a mi inolvidable maestro Aquiles Elorduy". •

Nadador

Ruelas nada cual delfín,
con donaire y perfección;
antaño nadó en el Rin
y hogaño nada en el ron.

José Juan Tablada

• José Juan Tablada (ciudad de México, 1871-Nueva York, 1945) es uno de los grandes poetas mexicanos del siglo XX. Parte importante de nuestra modernidad lírica la debemos a él. Entre otros méritos tiene el de haber adaptado e introducido en la lengua española el arte poético de Japón, en particular el haikú: el poema brevísimo, sintético y concentrado por excelencia. La cuarteta de esta página es una humorada que le escribió a su amigo el pintor Julio Ruelas (1870-1907), en relación con el hecho de haber aprendido a nadar en algún paraje del Rin, cuando vivió en Alemania, y al gusto que tenía por el destilado de caña. Dicha cuarteta jocosa la recoge Tablada en su libro de memorias *La feria de la vida* (1937). •

Retrato de Julio Ruelas

Crudo de todos instantes,
briago de todos los días,
esponja de rebosantes
tequilas, *draks* y sangrías,
sed de pertinaz ahínco,
ansia de beberlo todo,
que por empinar el codo
a un tinaco das un brinco.

JOSÉ JUAN TABLADA

• Epigrama que insiste en el tema anterior y dispara al mismo blanco:
su amigo Julio Ruelas. Lo cita Rubén Lozano Herrera en su estudio *Las
veras y las burlas de José Juan Tablada* (1995). •

Julio Torri el distraído

Cuando a Torri preguntan
¿dónde vas tú?,
distraído contesta:
"Al Pene Club".

JOSÉ JUAN TABLADA

• Gracejada de Tablada sobre su amigo Julio Torri. No tiene afán de zaherir sino de hacer reír. Lo cita Guillermo Sheridan en la edición del cuarto tomo de las *Obras* de Tablada, correspondiente a su *Diario, 1900-1944* (1992). •

Problema geométrico

De Diego Rivera
el vientre es esfera
y son dos esferas
las asentaderas...
No tiene el artista
ni plano ni arista,
¿podrá ser cubista?

JOSÉ JUAN TABLADA

• José Juan Tablada detestaba al pintor Diego Rivera (1886-1957). En su *Diario* lo llama "el envidioso Rivera". Este epigrama mordaz, que incluyó en su libro *Del humorismo a la carcajada* (1944), referido a la etapa cubista del pintor, es del todo elocuente en su desdén. •

Contra Gerardo Murillo

De Bartolomé el homónimo,
ya que emularlo no pudo,
se ha adjudicado un seudónimo
que parece un estornudo.

JOSÉ JUAN TABLADA

• Es del todo sabido que José Juan Tablada no simpatizaba con la Revolución mexicana. Por ello cuando el pintor y escritor Gerardo Murillo (1875-1964) se afilió a la ideología revolucionaria y cambió su nombre por el seudónimo Dr. Atl ("atl" en náhuatl significa "agua"), Tablada le dedicó este epigrama satírico en el que alude al célebre pintor barroco español Bartolomé Esteban Murillo (Sevilla, 1617-1682), con un énfasis escarnecedor en la comparación que hace entre el nivel del Murillo del siglo XVII español y el nivel del Murillo del siglo XX mexicano. Este epigrama lo recoge y lo comenta Rubén M. Campos (1871-1943) en su libro *El bar. La vida literaria en México en 1900* (1935), obra que sólo póstumamente (en 1996) se publicó en una edición completa, hecha por la UNAM, con investigación y estudio introductorio de Serge I. Zaïtzeff. •

Dos epigramas contra Díaz Mirón

Hay vates de guitarrita
y hay vates de guitarrón:
unos van a Santa Anita
y otros van a Santanón.

*

"La payita se llama Sidonia"...
¡Nueve pesos!
"Vino a México en una barriga"...
¡Nueve pesos!

JOSÉ JUAN TABLADA

• Acerca de estas burlas de Tablada contra Salvador Díaz Mirón (1853-1928), en su libro *El bar. La vida literaria en México en 1900*, Rubén M. Campos refiere que la primera la escribió Tablada, muy regocijado, "cuando el poeta Salvador Díaz Mirón tuvo la peregrina idea, que realizó, de obtener del gobierno de Veracruz permiso para perseguir al famoso bandido Santanón". Este ladrón de ganado se llamaba José Santana Rodríguez Palafox (1879-1910) y se le conocía como "Santanón" por su estatura de casi dos metros y su complexión robusta; también solía decírsele el "Robin Hood de los Tuxtlas". Estuvo preso en las cárceles porfirianas y escapó más de una vez, y el pueblo solía ayudarlo o protegerlo. Por ello se burló de su perseguidor Díaz Mirón enviándole unos puros de mejor tabaco que los que fumaba el poeta. Santa Anita es un antiguo barrio de la ciudad de México y a principios del siglo XIX era uno de los lugares favoritos de paseo. En cuanto a la segunda burla, Campos explica del siguiente modo la razón del epigrama: "Cuando apareció su libro de poemas [de Díaz Mirón] titulado *Lascas*, del que el editor Araluce se pavoneaba de haber pagado nueve pesos por cada verso, Tablada escogió los versos más vulgares del libro para satirizarlos". Si algunos muy buenos o extraordinarios versos de Díaz Mirón le costaron al editor Araluce nueve pesos, también por los peores pagó el mismo precio. Obviamente, Tablada no se fijó en los mejores, aunque a decir verdad hasta el siempre ecuánime Alfonso Reyes detestaba ciertas ridiculeces y fantochadas del poeta veracruzano. Escribió, por ejemplo: "Los gustos personales de Díaz Mirón eran muy ramplones [...] Todo el día estaba comiendo pastillas de *sin-sin* para perfumarse la boca. Lo peor es que ello trascendió a estos deplorables versos: '¿Qué pastilla olorosa / y azucarada / disolverá en tu boca / su miel y su ámbar, / cuando conmigo a solas, / oh virgen, hablas?'". •

Paspartú Urueta

Urueta, no seas canijo,
escucha, por Belcebú:
no le pongas Marco a tu hijo,
ponle mejor Paspartú.

José Juan Tablada

• En este epigrama burlesco, José Juan Tablada hace escarnio del político, orador y periodista mexicano Jesús Urueta (1867-1920), quien en conversación con amigos dijo que a su descendiente le pondría por nombre Marco (al igual que los Césares romanos). Tablada le hace burla porque "marco", como sustantivo común, se relaciona con el término "portarretratos": en francés se le dice *passe-partout* (el castellanizado "paspartú") a la orla de cartón, tela u otro material que se pone entre un dibujo, pintura o fotografía y su marco; lo que también se conoce en México y otros países de Hispanoamérica (pero no en España) como "marialuisa", que algunos aseguran que es deformación de "área lisa" (puesto que precisamente es un área lisa la que se deja entre el marco y la imagen enmarcada) y otros sostienen que es antropónimo francés, del ámbito artístico, que proviene de María Luisa (segunda esposa de Napoleón), muchos de cuyos retratos están enmarcados con esta técnica artesanal. Sea como fuere, lo cierto es que Tablada se ríe de Urueta. La versión que publicamos está tomada del libro *El bar. La vida literaria en México en 1900*, de Rubén M. Campos, y es muy confiable, a diferencia de otra que suele citarse del siguiente modo: "Urueta, no seas canijo, / Chucho, por Belcebú, / no le pongas Marco a tu hijo, / mejor ponle paspartú". Esta versión tiene el grave defecto de que el segundo verso no es un octosílabo, sino un heptasílabo (lo cual rompe con la métrica octosilábica de la cuarteta), y si algo tenía Tablada es que era un maestro en la versificación y jamás hubiera cometido tal torpeza. Además, la frase "mejor ponle" (en el último verso) es menos eufónica en comparación con "ponle mejor". En el contexto y en la armonía con los otros versos es más eficaz, poéticamente, "ponle mejor Paspartú" que "mejor ponle Paspartú". •

Camas Mestas

Ya no hay sumas, ya no hay restas
ni tampoco divisiones;
sólo multiplicaciones
sobre las camas de Mestas.

JOSÉ JUAN TABLADA

• Hoy este epigrama pícaro de José Juan Tablada no es del todo comprendido si se carece del contexto de la época. Entre finales del siglo XIX y principios del XX tuvieron su auge en México las Nuevas Industrias de Anastasio Mestas y Compañía, que fabricaban camas de estilo inglés en bronce y latón y que para publicitarse hacían uso del verso, no siempre muy logrado, pero siempre rimado. Tablada parodia uno de estos anuncios publicitarios que así decía: "Escúcheme Concepción:/¿Qué será lo que pretende/confirmarle mi pasión/dándole cama y colchón/de las que Mestas expende?". Tanto en este anuncio publicitario como en la parodia de Tablada es obvio el sentido sexual de lo que se hace en la cama (puesto que lo más importante no es que se use para dormir en ella). Muy simple: en las camas Mestas (o, como dijera Tablada, "sobre las camas de Mestas) se multiplicaron, por arte del fornicio, las generaciones de mexicanos en aquellas épocas. La parodia de Tablada la consigna Rubén M. Campos en *El bar. La vida literaria en México en 1900*. •

Estrecharte

No es lo mismo sin duda el estrecharte
que echarte tres, pues cambia de sentido.
Que estrecharte en los brazos, conmovido
o tres piropos, por ejemplo, echarte.

Y esto viene en el caso a demostrarte
que al revés todo cambia, o ha podido,
y aquello que al derecho te ha placido,
al revés bien pudiera incomodarte.

Y por eso al revés darte no quiero
lo que puedo al derecho complacerte,
porque si he de estrecharte placentero,

y quiero echarte tres, pudiera serte
desagradable, mas si así no es
voy a estrecharte para echarte tres.

JUAN B. URIBE

• En su *Picardía mexicana* (1960), Armando Jiménez atribuye este estupendo soneto de doble sentido a Juan B. Uribe (poeta bajacaliforniano premodernista), y asegura que el texto "alcanzó gran popularidad allá por los felices años de novecientos veinte". El autor se refiere a echar tres piropos y juega con el verbo "estrechar" para concluir que no es lo mismo "estrecharte" que "echarte tres". Por supuesto, el juego de palabras y de significados va más allá de los simples piropos. •

Explicación mitológica

A un amigo llamado Herculano

Presta atención, Herculano,
a esta historia mitológica
donde hay una razón lógica
para llamarse Herculano.
Hércules, héroe lejano,
doce trabajos se impuso,
castigo del Oraculo,
y en ellos tal fuerza puso
que al final se rompió el culo.
Tantò trabajó a destajo
que aunque le echaron la mano,
y en ninguno se distrajo,
sin culo acabó Herculano.
De ahí tu nombre, mi hermano;
¡manda a tu padre al carajo!

• Atribuido a veces a Francisco Liguori, cabe notar que este epigrama burlesco y alburero no aparece en la recopilación de sus epigramas. Por tanto, debe considerarse anónimo. En la tradición mexicana, la atribución de muchos textos procaces suele darse a las personas que en algún momento de plática cafetera o cantinera los recitaron, sin que esto quiera decir que fueran suyos. De lo que no cabe duda es que su autor era culto, además de ingenioso, o que al menos tenía algún conocimiento de la mitología grecorromana, algo desfigurada por supuesto para el propósito de su burla. El término "oraculo" en vez del correcto "oráculo" es, desde luego, una licencia poética para conseguir la rima. En cuanto a este nombre tan oportuno para el albur, recordemos la canción de Chava Flores que, entre otras cosas, dice: "Justiniano, Luciano, Ponciano,/son tres nombres con fin maloliente./Sin embargo la gente decente,/teme más el llamarse Herculano. [...]/Es por eso que el buen Herculano/fue a un juzgado a cambiarse de nombre./Y alegó con el juez, el fulano,/las vergüenzas que pasa siendo hombre./'Doy mi nombre, les doy Herculano'./No procede, señor, la respuesta./Ya que el juez, alburero y villano,/luego, luego le dice: 'me prestas'".

A un escritor erudito

Tienen la talla que empinas
y las obras que perpetras
proporciones tan mezquinas,
que mejor que hombre de letras
eres hombre de letrinas.

RODOLFO USIGLI

• Rodolfo Usigli (ciudad de México, 1905-1979) fue dramaturgo y narrador, aunque también practicó la poesía lírica. En la narrativa su mayor éxito fue *Ensayo de un crimen*, y en la dramaturgia su obra más aclamada lleva por título *El gesticulador* que, según se dice, Salvador Novo rebautizó como "El culigestador". Su éxito en el teatro opacó no sólo su narrativa sino también su poesía, pero en 1981 se publicó el volumen que abarca su obra poética de 1923 a 1974 con el título *Tiempo y memoria en conversación desesperada*, con selección y prólogo de José Emilio Pacheco. Escribió algunos epigramas de carácter irónico y, entre ellos, uno muy mordaz (sin revelar el nombre del destinatario) que es el que reproducimos en esta página. •

Oferta

LETRERO
"Vendo huevos."

RESPUESTA AL CALCE
¿Y yo para qué los quiero vendados?

• Gracejada anónima que complementa un letrero y que no requiere de mayor explicación. Siglo XX. •

Apodos patrios impecables

El Oro de Colombia.
(dicho de un hablador colombiano tan repetitivo como
un perico)

El Golfo de México.
(dicho de un güevón mexicano)

• Humoradas de buena elaboración cultural. En el primer caso se privi-
legia la fonética: *el oro = el loro*; en el segundo, la semántica: un golfo es,
según el diccionario, una gran porción de mar que se interna en la tierra
entre dos cabos, pero también significa pillo, sinvergüenza y, muy espe-
cialmente, holgazán. Colombia se muestra siempre muy orgullosa de su
oro prehispánico en museos y exposiciones con el título *El oro de Colom-
bia*, que suena también como "El loro de Colombia". En el caso del fa-
moso Golfo de México (amplia porción de mar que comparten México
y Estados Unidos), hay algunos individuos mexicanos de más o menos
fama que también son unos golfos. •

Grosero

Tú no eres dicharachero,
de latín no sabes nada:
eres un pinche grosero
y un hijo de la chingada.

• Coplilla que juega con la paradoja de amonestar al grosero usando
para ello groserías. Decir de alguien que es "un pinche grosero" es caer,
deliberadamente, con buen humor, en lo mismo que se critica. Lo con-
signa Armando Jiménez en su libro *Dichos y refranes de la picardía mexi-
cana* (1982), atribuyéndoselo a un sacerdote que amonesta a un natural
de Alvarado, Veracruz, lugar que tiene fama en México de contar con la
población más malhablada. •

Palíndromo

Acá sólo Tito lo saca.

ADAM RUBALCAVA

• Adam Rubalcava (Toluca, 1892-ciudad de México, 1984) fue poeta y prosista. Este texto lo recoge Augusto Monterroso en su libro *La letra e [fragmentos de un diario]*. Procede del mecanuscrito *Surtido rico de palíndromos dedicado a Carlos Illescas y Augusto Monterroso*. Rubalcava mantuvo gran amistad con Monterroso (conocido entre sus amigos como "Tito", abreviatura de "Augustito") y, en relación con este palíndromo perfecto (otros, igualmente magistrales, que cita el autor de *La letra e*, son: "Adán no calla con nada" y "Así me trae Artemisa"), el escritor guatemalteco informa: "durante un tiempo [lo] adopté como divisa en mi escudo de armas". •

No te achicopales, Cacama
(Tragedia del Anáhuac en verso libre)

Personajes: Cacama, Xochipoxtli, Cortés, Marina, Bernal Díaz del Castillo.

CACAMA

Suenen el teponaxtle, el xoxotle y el poxtle,
la chirimía y el chichicaxtle;
blanda el guerrero la macana con gana,
porque yo, Cacama,
lo ordeno.

XOCHIPOXTLI

Ya en Teoloyucan, en Apan y Actopan,
en Ixmiquilpan y Hueyapan tocan
el teponaxtle, el xoxotle y el poxtle,
la chirimía y el chichicaxtle,
como lo ordenaste.

CACAMA

Repito:
Blanda el guerrero la macana con gana,
porque yo, Cacama,
lo ordeno.

(Xochipoxtli escudriña el horizonte.)

Ya vienen los tlaxcaltecas, los cholultecas
y huehuetocas,
los chichimecas de Chichíndaro,
famosos por sus dulces aguas,
y los de Zacatlán de las Manzanas
preñadas;
y vienen también los mecos y los texcocanos
porque al fin y al cabo
todos son buenos mexicanos.

CACAMA

Repito:
Blanda el guerrero la macana con gana,
porque yo, Cacama,
lo ordeno.

(Entran cuarenta guerreros en escena, con sus familias.)

XOCHIPOXTLI *(levantando los ojos al cielo)*

Huichilopoxtli, en esta noche de Tetemecoc,
danos la fuerza de Huizachaztle,
la rapidez del pachixtle
y el valor del huaxtle,
para vencer al capitán
Malinche.

(Entran los españoles con caballería y artillería. Derrotan a los indios y hacen prisioneros a Cacama y a Xochipoxtli. Entran Cortés, Marina y Bernal Díaz del Castillo.)

BERNAL DÍAZ

Bajo los soportales de esta plaza
ha tres siglos hubiera paseado
con la altivez bizarra de mi raza
y mis fanfarronerías de soldado.

CORTÉS

Soy Cortés, pero valiente.

MARINA *(aparte)*

En mi sexo se funden dos mundos.

CACAMA

Tu prisionero soy, Malinche,
Aztlán está a tus pies,
mátame de una vez.

CORTÉS *(a sus soldados)*

Mátenlo de una vez.

(Los soldados se disponen a obedecer. Bernal Díaz los detiene con un ademán.)

BERNAL DÍAZ (*a Cacama*)

Joven venturoso
no mueras rencoroso,
sino gozoso,
porque escribiré una crónica
y te mencionaré en ella
favorablemente.

CACAMA

Gracias, Tonathiú.

MARINA (*aparte*)

Me siento embarazada,
creo que daré a luz
al México del futuro.

CORTÉS (*a sus soldados, indicando a Cacama*)

Cuélguenlo.

(*Los soldados obedecen.*)

CACAMA

¡México, creo en ti!* (*Muere.*)

* *Si la pieza la montan en el Seguro Social, se puede agregar:*
"*Y en tus escenógrafos*".

Lloren el ahuehuete, el guaje,
el cazahuate y el zapote,
el dulce fruto;
vomiten el Popocatépetl
y el Citlaltépetl
de blanca nieve.
Todo está perdido
para Aztlán.

BERNAL DÍAZ

Les daremos una lengua sonora
para comunicarse con Guatemala
a toda hora.
Y, por mi crónica,
todo el mundo sabrá quién es
Don Hernando de Cortés.

(El cielo se torna violeta. Cortés se estremece. Marina da a luz. Los indios, bajo la dirección de Xochipoxtli danzan alrededor del recién nacido, mientras cae lento el... TELÓN.)

JORGE IBARGÜENGOITIA

• Jorge Ibargüengoitia (Guanajuato, 1928-Madrid, 1983) es uno de los grandes narradores mexicanos que cultivó también la dramaturgia y la crítica teatral. Como periodista, sus crónicas y comentarios culturales son de extraordinaria agudeza, llenas de ironía y gran humor. Esta sátira jocosa en verso nació a raíz de un desencuentro con su maestro Rodolfo Usigli (1905-1979), con quien tomó clases, durante tres años, de composición dramática y fue considerado por aquél como su "discípulo dilecto". Pero en septiembre de 1961, en una entrevista que le hiciera Elena Poniatowska a Usigli, al preguntarle la entrevistadora acerca de los dramaturgos mexicanos, éste nombra a Luisa Josefina Hernández ("la más seriamente entregada"), Emilio Carballido, Fernando Sánchez Mayans ("un muchacho que tiene muchas posibilidades") y Raúl Moncada ("otro muchacho, en provincia, que trabaja con un Cuauhtémoc"), y remata: "de los demás no puedo hablar porque no los conozco"; entonces, el 17 de septiembre de 1961, el escritor guanajuatense publica en el suplemento *México en la Cultura*, del diario *Novedades* (en cuyas páginas también se había publicado días atrás la entrevista con Usigli), lo que él llama el "Sublime alarido del exalumno herido" donde le reclama con divertido sarcasmo: "¿Por qué no me menciona a mí? Yo también quiero estar en la constelación. Quiero ser santo y estar en el calendario. No es posible que se le haya olvidado que existo, porque el otro día estuvimos tomando copas en el Bamer. Es verdad que no estoy tan seriamente entregado como Luisa Josefina, ni tengo tantas posibilidades como Sánchez Mayans, pero si habla de Moncada porque está trabajando en un Cuauhtémoc, yo tengo derecho a que hable de mí porque estoy trabajando en una obra que voy a tener el gusto de insertar a continuación para que conste que se me ha hecho una injusticia". Y acto seguido inserta "No te achicopales, Cacama", para después rematar con esta pregunta: "¿Verdad que es una injusticia que Usigli no haya hablado de mí en su entrevista con Elena Poniatowska?". A la muerte de su maestro, Ibargüengoitia escribe un "Recuerdo de Rodolfo Usigli", en agosto de 1979, en la revista *Vuelta*, y a propósito de esta pieza jocosa y tremendamente satírica, admite: "Nada de lo que he escrito ha sido tan venenoso ni nada ha tenido tanto éxito". Todo en la pieza de Ibargüengoitia es una burla, incluidos los términos del náhuatl y la historia de la Conquista española, con los que satiriza el hecho de que Usigli hablara, en serio, del "Cuauhtémoc" que escribía Raúl Moncada [Galán] (ciudad de México, 1926), autor de *El sitio de Tenochtitlán* (1972). La pieza satírica de Ibargüengoitia y su cómica historia son recogidas y comentadas por Vicente Leñero (1933-2014) en su libro *Los pasos de Jorge* (1989). •

VI. Machista y homosexual

Los 41 maricones
Encontrados en un baile de la Calle de La Paz
el 20 de noviembre de 1901

Aquí están los maricones
muy chulos y coquetones.

Hace aún muy pocos días
que en la calle de La Paz
los gendarmes atisbaron
un gran baile singular.

Cuarenta y un lagartijos
disfrazados la mitad
de simpáticas muchachas
bailaban como el que más.

La otra mitad con su traje,
es decir de masculinos,
gozaban al estrechar
a los *famosos jotitos*.

Vestidos de raso y seda
al último figurín,
con pelucas bien peinadas
y moviéndose con *chic*.

Abanicos elegantes
portaban con gentileza,
y aretes o dormilonas
pasados por las orejas.

¶ Sus caras muy repintadas
con albayalde o con cal,
con ceniza o velutina...
¡pues vaya usté a adivinar!

Llevaban buenos corsés
con pechos bien abultados
y caderitas y muslos...
postizos... pues está claro.

El caso es que se miraban
salerosas, retrecheras,
danzando al compás seguido
de música ratonera.

Se trataba, según dicen,
de efectuar alegre rifa
de un niño de catorce años,
por colmo de picardías.

Cuando más entusiasmados
y quitados de la pena
se hallaban los mariquitos
gozando de aquella fiesta,

¡pum, que los gendarmes entran
sorprendiendo a los *jotones*!
Y aquello sí fue de verse...
¡Qué apuros y qué aflicciones!

Algunos quieren correr,
o echarse dentro el *común*,

otros quieren desnudarse,
a otros les da el patatús.

Una alarma general...
Lloran, chillan y hasta ladran,
¡qué rebumbio!, ¡qué conflictos!,
pero ninguno se escapa.

A todos, uno por uno,
la policía los recoge,
y a tlapixquera derecho
se los va llevando al trote.

• Estos versos humorísticos y burlescos de propósito escarnecedor se publicaron en las *hojas sueltas* de la imprenta popular de Antonio Vanegas Arroyo (un periodiquillo que consistía precisamente en hojas sueltas, con texto e ilustración, a veces impresa por ambos lados) en noviembre de 1901, con grabados del gran José Guadalupe Posada (1852-1913). Las crónicas en verso eran su especialidad y, en esa ocasión, refiere el famoso caso de la redada que la policía porfiriana realizó el 20 de noviembre de 1901, en la ciudad de México, de 41 homosexuales, varios de ellos travestidos. Miguel Hernández Cabrera (*La Jornada Semanal*, número 353, 9 de diciembre de 2001), en su ensayo "Los cuarenta y uno, cien años después", explica: "En la ciudad de México, durante el régimen de Porfirio Díaz, la policía hace una redada en una fiesta privada de cuarenta y un homosexuales jóvenes pertenecientes a las familias porfirianas más notables, quienes son encarcelados, humillados y desterrados a Yucatán, donde se les confina para realizar trabajos forzados". Agrega que un rumor popular nunca desmentido decía que "entre estos festejantes se hallaba Ignacio de la Torre y Mier, el yerno de Porfirio Díaz [casado con su hija Amada], a quien, junto con otros detenidos con 'influencias políticas', se le permite escapar". Si esto es verdad, resulta obvio que el número impar de detenidos es una anomalía: al menos el 42 (para hacer pareja) era ni más ni menos que el yerno del dictador. Hernández Cabrera añade en su ensayo que "a pesar de los esfuerzos de Díaz por acallar a la prensa y evitar el 'escándalo' familiar, la cobertura periodística dio tintes de chisme nacional a la noticia". El caso es que el episodio de *los 41* "marca un hito estigmatizador

y estereotipador a partir del cual, hasta la actualidad, se asocia popular-
mente el número 41 con la homosexualidad 'afeminada'". Sin embar-
go, también hay sectores homosexuales que reivindican dicho guarismo
como símbolo identitario. A propósito de esta hoja volante ilustrada por
Posada, Carlos Monsiváis precisa: "Posada no juzga ni predica: atiende
a la necesidad de ver en los casos célebres el espectáculo que compensa
de la represión cotidiana [...] La captura y vilipendio de homosexuales
de alta sociedad se consignan no con el fin de moralizar sino de divertir.
Lo que desde arriba se promulga como moral, desde abajo se ve como
espectáculo (y luego se reproduce como opresión)". En el prólogo de su
libro *A ustedes les consta. Antología de la crónica en México* (1980), Mon-
siváis reproduce fotográficamente las dos entregas de las *hojas sueltas* en
las que Posada y un poeta anónimo dan cuenta del suceso tan famoso
en los albores del siglo XX. Son los versos que reproducimos en estas
páginas y en la siguiente. El término "lagartijo" lo usaba el pueblo para
designar al señorito de clase alta: al petimetre. "Tlapixquera" o "tlapis-
quera" se denominaba al calabozo o espacio de encierro que solía haber
en las haciendas porfirianas, y que en la última estrofa designa sim-
plemente a la cárcel o penitenciaría. (Curiosamente, fue el emperador
Maximiliano quien abolió, en 1865, el uso de la tlapixquera en las ha-
ciendas.) Se asegura que la calle de La Paz, en la ciudad de México, era
la que ahora lleva el nombre de Ezequiel Montes, y hay quienes incluso
dicen que el lugar del jolgorio y de la redada fue la casa con el número
41, pero es bastante probable que este último dato sólo sea una inven-
ción para abonar la leyenda. •

El gran viaje de los 41 maricones para Yucatán

Las impresiones de viaje
resaladas cual no hay más
de todos los mariconazos
que mandan a Yucatán.

Sin considerar tantito
a nuestro sexo tan casto,
ni el estado interesante
que casi todas guardamos,

hechas horrible jigote
a todas nos encajaron
en un carro de tercera
del *trensote* Mexicano.

Revueltas cual chilaquiles
fuimos con jergas soldados
que injuriaban leperotes
nuestro pudor con descaro.

Al pobrecito Sofío
le dieron muchos desmayos
con los continuos meneos
de este tren tan remalvado.

El Ánima de Sayula

En un caserón ruinoso,
de Sayula en el lugar,
vive Apolonio Aguilar,
trapero de profesión.

Hace tiempo que padece
hambre voraz y canina,
y por eso está que trina
contra su suerte fatal.

No es jugador ni borracho.
Sólo comer es su vicio,
pero anda mal del oficio
que ni para comer da.

Cuatro tablas, dos petates,
un bacín roto, de barro,
cuatro cazuelas y un jarro
son de su casa el ajuar.

Su mujer y sus hijuelos,
macilentos, muy hambreados,
con semblantes demacrados,
piden pan con triste voz.

Pan no hay ni por asomo;
hambre, sí; disgustos, mil,
en aquel chiribitil,
a pasto y a discreción.

¶ Llanto solo de miseria
que goteando noche y día
apagó dejando fría
la ceniza del hogar.

Por eso el trapero esconde
entre sus manos la cara,
maldice su suerte avara
que le causa aquel dolor.

Y fijando en su consorte
su penetrante mirada,
con voz grave y levantada
de esta manera le habló:

—Es preciso que ya cese
esta situación terrible,
vivir así no es posible,
harto estoy de padecer.

"Me ocurre feliz idea
que desde luego te explico:
esta noche me hago rico
o perezco en la función.

"Escucha y no me repliques,
mi suerte está decidida:
el porvenir de mi vida
depende de esta ocasión.

"Tú sabes que en esta tierra,
entre la gente de seso,

se cuenta cierto suceso
que ha causado sensación.

"Se dice, pues, que de noche,
al sonar las doce en punto,
sale a penar un difunto
por las puertas del panteón.

"Que las gentes que lo ven
huyen a carrera abierta
y todos cierran la puerta
encomendándose a Dios.

"Que por fin un desalmado
se encaró ya con el muerto,
mas de terror quedó yerto,
patitieso y sin hablar.

"Esto lo aseguran todos
y mi compadre José
me ha jurado por su fe
que también al muerto vio.

"Y me asegura que el muerto
tiene la plata enterrada
y busca gente templada
con quien poderse arreglar.

"Y que yo —me ha sugerido—,
deponiendo todo miedo,
acometa con denuedo
la empresa del fantasmón.

¶ "Pues bien, me siento con bríos
para encarármele al diablo.
A ese muerto yo le hablo,
aunque me muera después.

"Peor es morir de hambre
que morir de puro miedo,
y si yo con vida quedo,
seremos ricos después."

—¡Por Dios, Apolonio! —dijo
su mujer muy afligida—,
no juegues así la vida,
deja a los muertos en paz.

"Te lo suplico, Apolonio:
no hagas caso a tu compadre,
y te pido, por tu madre,
que olvides esa cuestión."

—Aunque mi compadre tenga
la mala fama que tiene,
a mí nadie me detiene
de hacer lo que quiera yo.

"No, mujer, no retrocedo:
es una cosa resuelta,
si pronto no estoy de vuelta,
prepara mi funeral."

Exclamó, y con veloz paso,
pálido como un difunto,

salió de su casa al punto,
camino para el panteón.

Envuelto en tinieblas yace
de Sayula el caserío,
y un aspecto muy sombrío
allí reina por doquier.

No se escucha voz humana
y ni el más ligero ruido;
sólo, lejos, el aullido
pavoroso de algún can.

Algún pájaro que cruza
en las tinieblas perdido
lanza fúnebre graznido
al ir de su nido en pos.

Y al extinguirse perdido,
que al corazón pone susto,
canta el tecolote adusto
en el ruinoso torreón.

Negro toldo cubre el cielo,
y al soplo del viento frío
gimen los sauces del río
con quejumbroso rumor.

Lúgubre la noche está
y en su fondo pavoroso
brota a veces luminoso
un relámpago fugaz.

¶ Y ahí aparece el trapero
que a la ventura de Dios,
va de la fortuna en pos
hasta vencer o morir.

Camina, pues, atrevido,
aquel hombre de faz yerta,
y al cabo se ve en la puerta
del tenebroso panteón.

Mas a medida que avanza
su valor se debilita
y se adueña de honda cuita
su angustiado corazón.

Allí, con mortal congoja,
la hora fatal aguarda,
hora que tal vez no tarda
en sonar en el reloj.

Por fin de repente suenan
doce lentas campanadas,
cuyas notas compasadas
vibran con tétrico son.

Notas lentas y solemnes
cuyo sonido retumba
como el eco de una tumba
con quejumbroso rumor.

Por fin a esperar se pone
y sin grande dilación,

las puertas de aquel panteón
se abren de par en par.

Cruza la puerta el fantasma,
mudo, rígido y sombrío,
llenando de escalofrío
al que lo mira pasar.

Lleva la cara cubierta
con negro y tupido velo,
y arrastrando por el suelo
lleva un sudario también.

Aguilar, de espanto yerto,
y erizado su cabello,
con agitado resuello
tras el ánima se va.

Y haciendo un supremo esfuerzo,
cual si jugara la vida,
con la voz despavorida,
de esta manera le habló:

—En nombre de Dios te pido
que digas cómo te llamas,
si penas entre las llamas
o vives aquí entre nos.

"¿Qué buscas en estos sitios
donde a los vivos espantas?
Si tienes talegas, ¿cuántas
me puedes proporcionar?"

¶ –Me llamo Perico Zúrrez
—dijo el fantasma en secreto—,
fui en la tierra buen sujeto,
muy puto mientras viví.

"Ando ahora penando aquí
en busca de algún profano
que con la fuerza del ano
me arremangue el mirasol.

"El favor que yo te pido
es un favor muy sencillo:
que me prestes el fundillo
tras del que ando siempre en pos.

"Las talegas que tú buscas,
aquí las traigo colgando;
ya te las iré arrimando
a las puertas del fogón."

Quedó lleno de sorpresa
el pobrecito trapero,
y echando al suelo el sombrero,
el infeliz exclamó:

–¡Por vida del rey Clarión
y de la madre de Gestas,
¿qué chingaderas son éstas
que me suceden a mí?

"Yo no sé lo que me pasa,
pues ignoro con quién hablo:

o este cabrón es el diablo
o es mi compadre José.

"Buena fortuna me hallé
en esta tierra de brutos:
donde los muertos son putos,
¿qué garantías tengo yo?

"Lo que me sucede a mí
es para perder el seso.
Si los muertos piden sieso,
¿los vivos qué pedirán?

"Vengo lleno de esperanza
a buscar aquí la vida,
y mi suerte maldecida
me depara un lance atroz.

"No tener yo más alhaja
que la alhaja del fundillo
y me la pide este pillo
que dice que ya murió."

En un instante, Apolonio
lleva la mano al cuchillo,
sin desatender su anillo
que siempre cuidando está.

Al momento huyó el fantasma,
tan rápido como el viento,
tras las tapias del convento,
y allí desapareció.

¶ —Esto es cuanto puede verse
por las crestas del demonio;
si lo aflojas, Apolonio,
de aquí sin culo te vas.

Así se dijo el trapero,
muy pensativo y mohíno;
del pueblo tomó el camino
y en sus calles se perdió.

Y es fama que cuando oye
que hablan del aparecido,
receloso y precavido
se pone una mano atrás.

MORALEJA

¡Ay!, lector, si alguna noche
y por artes del demonio,
te vieres como Apolonio,
en crítica situación,

y si tropiezas acaso
con algún ánima en pena,
aunque te diga que es buena,
no te confíes jamás,

y para tu garantía
pon el cuchillo adelante
y sin perder un instante
llévate una mano atrás.

VARIANTE FINAL 1

Y para tu garantía
pon el cuchillo adelante
y sin perder un instante
repliégate a la pared.

VARIANTE FINAL 2

Y por vía de precaución,
llévate como cristiano
la cruz bendita en la mano
y en el fundillo un tapón.

TEÓFILO PEDROZA

• Se sabe que Teófilo Pedroza fue un abogado que escribía versos festivos y que a fines del siglo XIX publicó, de su autoría, "El Ánima de Sayula", poema popular por excelencia en la lírica mexicana burlesca, que durante mucho tiempo se consideró anónimo. De estilo narrativo, este poema es de amplio conocimiento en todo el país y mucha gente se lo sabe de memoria, o al menos hay versos que le resultan inolvidables. Durante mucho tiempo circuló en impresos populares que se vendían a los transeúntes para su regocijo y solaz, y durante más de un siglo ha circulado con diversas variantes hasta que Armando Jiménez (Piedras Negras, Coahuila, 1917-Tuxtla Gutiérrez, Chiapas, 2010), en su *Picardía mexicana* (1960), fijó, hasta cierto punto, una versión, prologada por Renato Leduc y acompañada de grabados de José Guadalupe Posada y dibujos de Alberto Beltrán. En 2003, Ediciones Arlequín, de Guadalajara, lo publicó en una edición crítica de Clara Cisneros Michel, para reparar, en parte, lo que Renato Leduc lamentaba: "No hay rincón en nuestro país donde varias o muchas personas no lo conozcan y que, aunque sea fragmentariamente, lo reciten de memoria, aun cuando sean analfabetas o no hayan tenido en sus manos una edición de él [...] Naturalmente que, por su acendrado sabor popular —y aquí entra de soslayo la relatividad—, en ninguna antología de la poesía mexicana, ni en

ninguna historia de la poesía del país, se han dignado a incluirla los ex-
quisitos y melindrosos fabricantes de ella. Tampoco se encuentra algún
libro de ese pintoresco autor —¡sería mengua!— en ninguna biblioteca
pública". Para Alí Chumacero, "ocupan sitio sobresaliente en la poesía
popular las coplas de 'El Ánima de Sayula', compuestas con gracia y con
la evidente intención de hacer mofa de las virtudes de un hombre in-
fortunado". Este poema es, sin duda, un portento de ingenio y uno de
los momentos más destacados de la poesía popular mexicana. Nuestra
versión integra y armoniza las diversas variantes sin romper el hilo na-
rrativo del texto. •

¡Detente, Satán maldito!
(Pastorela)

EL DIABLO (que aparece entre nubes de azufre):
¡Yo por estos horizontes
divisé gente acostada!
¿Quién jijos de la chingada
habita por estos montes?

UN VIEJO PASTOR (desde el fondo de una cueva):
Yo soy un viejo pastor
al que la montaña alberga.
¡Pero hasta el Diablo Mayor
a mí me pela la verga!

EL DIABLO (disponiéndose a castigarlo):
¡Cállate, viejo cabrón,
no le hables así a tu padre;
quítate lo valentón
y ve a chingar a tu madre!

SAN MIGUEL (que hace su entrada salvadora):
¡Detente, Satán maldito,
no abuses de tu poder;
si a este te quieres coger,
a mí me pelas el pito!

EL DIABLO (mirando retador a san Miguel):
¡Y tú, te crees muy padre,
ya hasta me haces ver visiones!
¡Voy a romperte la madre
y a bajarte los calzones!

SAN MIGUEL:

¡Ninguna visión, cabrón,
del merito Cielo vengo,
y con la verga que tengo
te voy a dejar panzón!

EL DIABLO:

¡No te las des de machito
ni defiendas a pendejos:
te voy a meter el pito
para que aprendas consejos!

SAN MIGUEL (lanzándose contra el diablo, espada en mano):

¡Yo no soy ningún fantoche
ni ando vestido de rojo;
yo aquí de día o de noche
a los diablos me los cojo!

EL DIABLO (huyendo sin calzones luego de la trifulca):

¡Venciste, Miguel, venciste,
guarda ya tu enorme espada!
¡Ahora sí que me cogiste!
¡Ya me voy a la chingada!

• Como composiciones poéticas, las pastorelas son de origen proven-
zal, surgidas hacia el siglo XI, unas veces moralizantes y otras picares-
cas, obras de trovadores que ideaban composiciones dialogadas entre
aristócratas y villanos, con gran respeto y devoción hacia la figura eróti-
ca de la pastora. En los países de Hispanoamérica, el género dramático
religioso de la pastorela se deriva de los autos sacramentales que los mi-
sioneros franciscanos trajeron de España y que usaron con el propósito
de catequizar y convertir a los indígenas, aprovechando, en muchos ca-
sos, como en México, las lenguas nativas, especialmente el náhuatl. (Sor
Juana Inés de la Cruz cultivó, desde muy joven, en la Nueva España,

este género evangelizador.) Con tono festivo pero también religioso, en las pastorelas mexicanas anónimas (se conservan algunas del siglo XVI) destacan los diálogos y las peripecias entre demonios y pastores, y se representa la lucha del bien contra el mal en las figuras del arcángel san Miguel y de Lucifer o el Diablo Mayor. Aunque su origen es obviamente español y cristiano, pronto cobró en México, desde los tiempos mismos de la Colonia, tintes de chunga y relajo, y acentuaciones paródicas. La pastorela popular y anónima mejor conocida como "¡Detente, Satán maldito!" forma parte de esa tradición paródica y satírica que, con lenguaje procaz y alburero, hace las delicias de los espectadores, utilizando siempre el doble sentido de connotación sexual: machista y homosexual. Al final, para regocijo de los presentes, el diablo "pierde" (no olvidemos que hay un albur que se aplica a alguien cuando está de espaldas y empinado: "¡Ey, así perdió el diablo!") porque es "atravesado" con la enorme espada (la verga) de san Miguel. Esta pastorela procaz se remonta a las primeras décadas del siglo XX y tiene múltiples versiones, algunas de ellas muy bien rimadas y medidas, pero otras en cambio muy poco pulcras en este sentido. La versión que aquí publicamos recopila y armoniza las diversas variantes dándole unidad e hilo conductor a una pieza infaltable en cualquier antología de la poesía picaresca mexicana. •

Presentándose

–Próculo.
–¡Me das miedo!

–Agapito.
–¡Te meto un susto!

• Típicos albures del siglo XX, en la ya larga tradición mexicana del doble sentido con connotaciones sexuales machistas. •

Los otros

—¿Y qué me dice usted de los otros?

—Los tú me entiendes...

—Los del yo *no* sabía.

—Así era desde chiquito.

—A mí me daban miedo las mujeres.

—¡Ay, Dios tú, a mí me dan asco! Fuchi.

—Cuando se te acabe el perfume, me tiras con el pomo...

—Los que se desgajaron como un cerro aparte el día
de la maldición.

—El día del cataclismo, el día del terremoto original...

—¡Ay, el temblor! ¡Ay, el temblor!

—Pues mire usted, a mí me dan risa.

—A mí me dan lástima.

—A veces son muy buenas personas.

—Son buenos cocineros.

—Son buenas costureras.

—Son muy trabajadores.

—Deberían de caparlos.

—Ponerlos a todos a vender tamales en la plaza, con
mandiles blancos manchados de mole.

—¡Ay, sí, de mole! ¡Ay, sí, manchados de mole...!

—Mire, mejor vamos hablando de otra cosa. Vamos
dejándolos en su mundito aparte, ahogándose
como ratas, agarrándose desesperados a un pasaje
de san Agustín...

—¡Imagínate tú qué compromiso! Tener que salvar
mi alma en este cuerpo tan grandote.

—¡Aquí en la cocina del infierno!

—Probando atole con el dedito...

—Probando atole con el dedote...

—¡Atizando el hornillo! ¡Meneando las ollas del diablo
   Calabrote!

• Este diálogo festivo, irónico y, al final, divertidamente autoinculpato-
rio, es parte de *La feria*, de Juan José Arreola. Está lleno de referencias
homosexuales, paródicas y albureras. Comienza como diálogo de ma-
chos y termina como conversación de homosexuales. Digna página de
la maestría irónica de Arreola. •

Calentura

Este médico inconsciente
entre lo cura y locura,
lo primero que hace al cliente
es, de manera insistente,
bajarle la calentura.

XAVIER VILLAURRUTIA

• Xavier Villaurrutia (ciudad de México, 1903-1950), poeta y dramaturgo mexicano, es autor de uno de los libros más importantes en nuestra lírica: *Nostalgia de la muerte* (1938). Fue una de las figuras más visibles del grupo Contemporáneos al cual pertenecieron también Jorge Cuesta, José Gorostiza, Elías Nandino, Salvador Novo, Bernardo Ortiz de Montellano, Gilberto Owen, Carlos Pellicer y Jaime Torres Bodet, entre los más destacados. Varios de ellos eran homosexuales y practicaron el epigrama y el aforismo secretos entre ellos mismos. Este epigrama de evidentes connotaciones sexuales lo escribió Villaurrutia contra Elías Nandino, que era médico de profesión. Lo da a conocer el propio Nandino en su libro póstumo de memorias *Juntando mis pasos* (México, 2000). Villaurrutia leyó el epigrama durante una fiesta a la que Nandino no acudió, pero alguien lo copió y se lo enseñó. •

Enano

Si sufres por tu estatura
porque la sientas muy baja,
piensa que a falta de altura
enano llevas ventaja.

ELÍAS NANDINO

• Elías Nandino (Cocula, Jalisco, 1900-Guadalajara, 1993), poeta famoso
por sus "nocturnos" (*Nocturna suma*, *Nocturna palabra*, etcétera), cobró
revancha contra Villaurrutia con este epigrama ciertamente devastador:
Villaurrutia era de baja estatura: menudo y chaparro (Carlos Monsiváis
asegura, en el prólogo a *La estatua de sal*, de Salvador Novo, que el so-
neto festivo y procaz que empieza "Esta pequeña actriz, tan diminuta /
que es de los liliputos favorita / y que a todos el culo facilita", lo escribió
Novo contra su amigo Villaurrutia), pero el término "enano" en el epi-
grama de Nandino no sólo se refiere a la estatura del autor de *Nostal-
gia de la muerte*, sino que tiene también un lapidario doble sentido en
el último verso (enano: en ano), pues no está utilizado como adjetivo.
En *Juntando mis pasos*, Nandino refiere: "Al siguiente viernes, como si yo
no supiera nada, les leí el epigrama que como venganza le había hecho.
Después se acercó [Villaurrutia] y me dijo: 'Prométeme que no me vuel-
ves a hacer un epigrama y yo te prometo lo mismo'". •

Un chico enorme

Es raro el caso de Novo
al declararse inconforme
por no haber tenido hijos,
cuando tiene un chico enorme.

ELÍAS NANDINO

• Acerca de este epigrama contra Salvador Novo, Nandino refiere lo siguiente en su libro de memorias: "A Salvador Novo, queriéndolo y admirándolo mucho, también le tenía cierto odio porque nunca se medía para atacar a los demás [...] Una mañana que yo estaba en el Sanborns, Andrés Henestrosa, quien estaba sentado en otra mesa, me llevó un periódico en el que Novo confesaba que él había escrito muchos libros, que había sembrado muchos árboles, pero que le daba tristeza no tener ningún hijo. Me quedé meditando y le devolví el periódico con el epigrama escrito". En el albur de México, "chico" se le dice al ano, y Nandino utiliza este doble sentido de burlesca paradoja. •

Joroba

Tanto sus nalgas prodiga,
tanto sus nalgas ha dado:
que ellas mismas, ya medrosas,
se subieron a su espalda
y lo hicieron jorobado.

ELÍAS NANDINO

• Este epigrama y el de la página siguiente, Nandino los recoge también en *Juntando mis pasos*, y advierte que a Novo "le encantaba que se los hicieran [los epigramas] o que le dijeran lo que era [homosexual]". •

Obra

Todo lo que Novo ha escrito
y que a buen salario cobra,
no sé, por más que medito,
si es su obra o lo que obra.

ELÍAS NANDINO

El chico temido

Cuídate mucho al andar,
pues si estás desprevenido:
se te puede atravesar
sin más el chico temido.

VARIANTE

Si acostumbras empinarte
y andar de desprevenido,
puede un día atravesarte
el ojete más temido.

• Esta coplilla alburera muy popular tiene infinidad de variantes. La expresión "el chico [el ano] temido [te mido]" es albur antiquísimo en México; anterior, por supuesto, a la canción del famoso compositor e intérprete Chava Flores (ciudad de México, 1920-1987) que lleva por título "El chico temido de la vecindad" y que empieza con los siguientes versos: "Yo soy el chico temido de la vecindad,/soy el pelón encajoso que te hace llorar". Más bien el compositor retomó la tradición alburera en sus canciones y le dio una difusión que antes sólo tenía en los ambientes urbanos populares y marginales. •

Albur postrero

Siéntese usted, le suplico,
donde descansa el perico.

• Dístico anónimo del siglo XX. Su significado machista y alburero es
obvio: ¿dónde descansa el perico?: en el palo. •

Índice de autores, títulos de poemas y primeros versos

Índice

II. FESTIVA Y BURLESCA

III. DE LETRINAS Y RETRETES

V. CULTA Y ERUDITA

VI. MACHISTA Y HOMOSEXUAL

Esta obra se imprimió y encuadernó
en el mes de agosto de 2015,
en los talleres de Edamsa Impresiones, S.A. de C.V.,
Av. Hidalgo No. 111, Col. Fraccionamiento
San Nicolás Tolentino, Delegación Iztapalapa
México, D.F., C.P. 09850